CW01551492

Emmanuel Macron
Un jeune homme si parfait

ANNE FULDA

Emmanuel Macron
Un jeune homme si parfait

DOCUMENT

À Juliette et Thomas

Parce que je veux être président,
je vous ai compris et je vous aime.

Emmanuel MACRON,
meeting à Toulon, le 18 février 2017.

Prologue

Et « Manu » rêva...

« Emmanuel Macron ? Il fait un peu mutant. » Mutant. Le qualificatif lui est attribué par Michel Houellebecq qui s'y connaît en la matière. Interrogé, en janvier 2017, sur ce candidat à la présidentielle que personne n'avait vu venir, l'auteur des *Particules élémentaires* avouait sa perplexité : « Il est bizarre, on ne sait pas d'où il vient » et poursuivait : « J'ai essayé de faire une interview avec lui... Les gens qui parlent très bien, franchement, pour arriver à leur faire dire quelque chose, une vérité quelconque, c'est dur[1]. »

Comme souvent, Houellebecq touche juste. Sous des dehors avenants et souriants, une façade lisse de technocrate élevé dans les meilleures écoles de la République, Emmanuel Macron est insaisissable. Multiple. Déterminé à ne donner que ce qu'il veut de sa part d'intime mais à exposer généreusement ce qu'il désire mettre en valeur. Personne ne le connaît vraiment. Il a peu d'amis. « Emmanuel a besoin de tout le monde et de personne. On ne rentre jamais dans son périmètre. Il

---

1. Journal télévisé France 2, 17 janvier 2017.

les met à distance[1] », assure sa femme. L'ancien ministre de l'Économie garde une part de mystère, quelque chose de dissimulé, même en pleine exposition. Il est comme une construction en trompe l'œil, un édifice bâti sur des bases mouvantes, une histoire personnelle mise au service d'une ambition évidente. Quitte à être un peu retouchée. Magnifiée.

Macron le « mutant » est arrivé, sans faire de bruit. Il a émergé peu à peu dans les médias. Affichant sa tête de techno poupin, sympa et cool, posant en bras de chemise à son bureau de l'Élysée.

Très vite on a murmuré le nom de cet ancien banquier d'affaires de chez Rothschild dans les allées du pouvoir et les salles de rédaction. Il fallait le connaître. Approcher celui qui serait, à n'en pas douter, dans les années à venir un homme qui compte. Tellement brillant, tellement sympa, tellement abordable. Et philosophe, en plus. Il importait d'avoir son 06. Et il était du dernier chic de dire : « J'ai eu "Manu" en ligne. » Disponible jusque tard dans la nuit. Pour les présidents du CAC 40 comme les journalistes. Pour des élus aussi, des politiques, qui n'ont pas tout de suite compris à qui ils avaient affaire. Et qui ne comprennent toujours pas, pour la plupart !

Macron s'est comporté avec Hollande, ainsi qu'avec tous ceux qui – reconnaissant ses talents évidents – lui ont fait la courte échelle ces dernières années pour arriver au sommet, comme Anne Baxter avec Bette Davis dans *All about Eve*.

---

1. Entretien avec l'auteur, le 10 janvier 2017.

Il a observé, beaucoup. S'est rendu indispensable. Incollable. Il a intégré le système dont il est un précipité parfait. Pour mieux s'en détacher. Et se présenter, un comble, en candidat antisystème.

Un candidat à l'écoute de la France, en empathie avec elle, comme il l'a été avec tous ses parrains. Une véritable éponge, disent ceux qui l'aiment bien. « Quelqu'un qui suce les gens comme une sangsue », résume d'une façon un peu crue un ancien « camarade » de l'ENA, qui le décrit comme un « être sans affect » et qui, tel Hollande, cache une coque en acier trempé derrière une façade affable.

Macron a aussi un rapport au temps étonnant. Il ne semble jamais pris de court. Jamais pressé. Toujours prêt à donner son temps, comme une preuve d'amour, d'attention. Un élément de séduction parmi d'autres. Il est comme un vieil enfant qui semble vouloir s'appliquer cette phrase d'Oscar Wilde : « Il ne faut pas chercher à rajouter des années à sa vie, mais plutôt essayer de rajouter de la vie à ses années. »

Sa vie ? Il s'est esquissé depuis longtemps un destin hors du commun. En tenant secret ses rêves de grandeur. Emmanuel Macron n'a pas juré à ses parents qu'il serait président de la République ou pape, mais il s'est très vite forgé l'intime conviction qu'il sortirait du lot. Bercé par l'amour exigeant d'une grand-mère avec qui il a noué des liens singuliers, rendu invincible par son regard puis par celui de Brigitte, ce jeune homme aux semelles de vent a dévoilé progressivement son ambition. Sans passer par les traditionnels combats de coqs qui rythment depuis toujours la politique française. Et en traçant, de manière subliminale, un parallèle entre la conquête de cette femme mariée, mère de trois enfants et de vingt-quatre ans son aînée, et celle de la France. S'il avait eu la détermination et le courage d'imposer cet amour, pourquoi ne pourrait-il pas, en bousculant encore les convenances, conquérir la France ?

Ceux qui le connaissent – ou croient le connaître – ont tous senti chez lui, et depuis longtemps déjà, une ferme résolution, comme un imperceptible sentiment de supériorité, une inébranlable confiance en son destin, manifestation d'un égocentrisme très profond et très camouflé. Macron, depuis qu'il est enfant, a toujours été l'élu. Il a toujours été choisi, désigné et reconnu comme le meilleur. Il a toujours – ou presque – trouvé dans le regard des autres l'admiration, l'encouragement, la bienveillance. « C'est un mélange de Kennedy et Gérard Philipe », avance un banquier avec qui il a travaillé. « *You look like Napoleon !* » lance une jeune femme que le candidat d'En Marche ! croise à la bibliothèque de Beaubourg, ce dimanche 4 février. Ce jour-là, Emmanuel Macron sourit. Mais ne proteste pas vraiment, convaincu peut-être, comme le proclamait le héros de la bataille du pont d'Arcole, que « les hommes de génie sont des météores destinés à brûler pour éclairer leur siècle »… Le météore a déjà réussi à être élu à la présidence de la République, le 7 mai 2017. à 39 ans, soit un an de moins que Louis Napoléon Bonaparte, en 1848.

1

« Le fils de Dieu »

Il est né sous Giscard… en 1977. Cette année-là, Françoise Claustre a été libérée, en janvier, après deux ans de détention au Tchad. Le Centre Georges-Pompidou a été inauguré. Jacques Chirac a été élu maire de Paris. Le Concorde a volé pour la première fois entre Paris et New York tandis que disparaissaient Jacques Prévert, Vladimir Nabokov, Groucho Marx, Elvis Presley et Charlie Chaplin. Emmanuel, Jean-Michel, Frédéric Macron pousse son premier cri le 21 décembre, à Amiens. Peu de temps après le sacre de Bokassa qui s'était autoproclamé empereur de la République centrafricaine.

Le petit Emmanuel ne naît pas, lui, ceint d'une couronne et avec un sceptre à la main. Mais c'est tout comme. Car il est attendu. Très attendu. Avec émotion et appréhension. Il naît en effet un peu plus d'un an après la mort d'une petite fille qu'ont eue ses parents. Un enfant mort-né qui n'a même pas eu le temps d'avoir un prénom. Qui n'a pas eu de sépulture. Dont la mère n'a pas pu faire le deuil car elle a failli elle-même « y laisser sa peau », être emportée par une septicémie.

Fi de ces sombres souvenirs ! Ce 21 décembre, à 10 h 40, tout est balayé. Tout à leur joie retrouvée, Françoise et Jean-Michel Macron, les heureux parents, décident d'appeler leur bébé Emmanuel. Pourquoi ? « Ça s'est décidé comme ça[1] », dit le père. « On trouvait ça joli. » Un aumônier qui est passé peu de temps après dans la chambre de la maternité leur a dit que ce prénom dérivé d'un prénom hébreu « voulait dire fils de Dieu » (c'est le nom sous lequel le prophète Isaïe désigna le Messie sept siècles avant Jésus-Christ)…

Fils de Dieu… cela tombe bien : Françoise Noguès-Macron, même si elle n'est pas croyante, n'est pas loin de penser, à l'entendre évoquer cet événement, que cet enfant est un cadeau du ciel. « La naissance d'Emmanuel a été pour moi un grand bonheur après ces moments douloureux[2] », reconnaît-elle.

À vrai dire, cet enfant, confie-t-elle à quelqu'un de sa famille, « avait presque une mission[3] ». Une mission !! Du nanan pour apprenti psychanalyste en herbe : c'est donc ça ! Ce côté mystique du candidat à la présidentielle d'En Marche !, le Christ qui marche sur les eaux… Évidemment, l'explication est tentante. Comme il est tentant de penser que le petit Emmanuel a vécu avec l'ombre omniprésente de cette sœur qui n'a pas vu le jour. Et le désir, plus fort que tout, de la faire oublier. De se faire le meilleur possible. Pour se faire aimer.

Seulement voilà, ce n'est pas le cas. Françoise Noguès-Macron et son ex-mari (ils se sont séparés

---

1. Entretien avec l'auteur, le 13 janvier 2017.
2. Entretien avec l'auteur, le 3 février 2017.
3. *Idem.*

en 1999 et ont divorcé en 2010) sont tous deux médecins. Ils ont donc consulté, à l'époque. Et les parents d'Emmanuel Macron n'ont jamais caché ce drame à leurs enfants. Ces derniers l'ont su tout petits : que ce soit Emmanuel, son frère, Laurent, et sa sœur, Estelle.

« Oui, vous allez me dire que l'enfant qui arrive après un enfant mort-né est surinvesti, mais je n'ai pas eu cette impression-là », grince le père, Jean-Michel, en prenant les accents de celui que l'on ne va pas baratiner avec des thèses psychologisantes élaborées. « On a eu un malheur mais la vie a repris le dessus ; ça n'efface pas mais cela permet de continuer à vivre », ajoute-t-il tout en ayant pris conscience, *a posteriori*, que la mort de cet enfant a été « plus compliquée pour sa femme ». « Moi, j'ai tout fait pour tourner la page[1] », reconnaît ce neurologue qui a souhaité, au début de ses études, devenir psychiatre mais a été éminemment déçu par la pratique quotidienne de cette discipline.

À l'époque, les parents d'Emmanuel n'avaient pas trente ans. Ils avaient suivi leurs études ensemble. « On s'est connus en neuro-chir », se souvient Françoise.

Un coup de foudre, raconte-t-elle, qui a eu lieu en 1974. L'année de l'élection de Valéry Giscard d'Estaing. À quarante-huit ans, le plus jeune président jamais élu en France fait souffler, quelques années après Mai 68, un air un peu plus léger avec ses réformes de société, la majorité à dix-huit ans, le droit à l'avortement. Les deux jeunes gens décident vite d'habiter ensemble. Ils

1. Entretien avec l'auteur, le 13 janvier 2017.

se marient dans la foulée, à l'église, en 1975, et alors que Françoise est enceinte de quatre mois. « Mon ex-mari est agnostique. Il a accepté un mariage religieux pour me faire plaisir ainsi qu'à sa famille », se souvient Françoise. On est peu de temps après les « événements de mai », cela ne choque personne.

Elle-même agnostique, Françoise n'a pas élevé ses enfants dans la religion. D'ailleurs, aucun d'eux n'a été baptisé à la naissance. Emmanuel, précise-t-elle, a demandé en revanche à l'être à douze ans. « Je veux faire ma communion », a-t-il dit un jour, choisissant comme marraine sa grand-mère maternelle, Germaine Noguès, et comme parrain son oncle, le frère de sa mère. Il s'est investi dans sa démarche mais pas à la maison car son père y était carrément hostile, explique sa mère. « Le début d'une période mystique qui a duré plusieurs années[1] », confie-t-il à *L'Obs*.

Les manifestations de 1968, Françoise et Jean-Michel y ont participé l'un et l'autre. Françoise, qui a passé sa scolarité dans un collège de filles jusqu'en seconde, passait son bac et arpentait les rues avec les jeunes d'Amiens. Jean-Michel garde le souvenir « d'une grande fête assez libératrice », même si, après, reconnaît-il, il a été assez désabusé. Déçu par la politique avant d'y reprendre goût en votant pour Mitterrand en 1981.

En 1976, quand survient la mort de leur premier bébé, Jean-Michel et Françoise sont donc l'un et l'autre médecins, dans l'insouciance de la jeunesse, l'allégresse de cette naissance annoncée. Comme

---

1. Interview à *L'Obs*, le 16 février 2017.

tant de couples qui ont connu cette expérience douloureuse, ils sont sonnés par ce coup du sort. On imagine leur désarroi. La transition violente du bonheur au drame. La douleur déchirante. « Un cauchemar », résume le père. Le SAMU, l'hôpital Saint-Antoine. Ce bébé mort. Le coma de Françoise, la « réa », la chambre et le lit de l'enfant que l'on demande à la belle-mère de défaire... Françoise a mis des années à se remettre – « c'était une telle épreuve » – de la disparition de cette petite fille sans nom. De cette petite fille qu'Emmanuel avait pour mission de faire oublier.

Alors voilà, près d'un an après, ils goûtent un peu plus que d'autres la naissance de leur fils. Ils sont tout à leur bonheur. Et ce 25 décembre 1977, quatre jours après la venue au monde d'Emmanuel, ils ont décidé de fêter dignement Noël. « Jean-Michel avait apporté des huîtres et du champagne à la maternité. » Et puis cela tombe bien : le 25 décembre, c'est la Saint-Emmanuel.

Évidemment, c'est inévitable, Françoise, qui a voulu être pédiatre (elle a eu l'attestation de pédiatrie mais n'est pas allée au bout), a particulièrement « couvé » ce nouvel enfant, « fils de Dieu ». Elle assure d'ailleurs être aujourd'hui encore une mère poule. Une mère qui sait tous les matins où sont ses trois enfants et qui précise qu'elle a toujours travaillé à trois quarts de temps « pour être près d'eux ». Une grand-mère poule, aussi, « prête à abdiquer une sortie pour garder ses petits-enfants ». « C'est toujours les enfants d'abord. Ça a toujours été le cas », avoue-t-elle, comme si elle était consciente d'en avoir parfois un peu trop fait. Trop peut-être, mais pas « pas assez ». Elle tient à le dire. À le faire savoir.

Françoise Noguès-Macron veut reprendre sa place de mère, cette place effacée par cette grand-mère – sa mère – tellement mise en avant par Emmanuel Macron : dans son livre, dans ses interviews et jusque dans ses meetings de campagne ! Cette place effacée par ces non-dits qui font imaginer à certains journalistes des scénarios abracadabrantesques selon lesquels elle et son mari auraient renié leur fils quand il a rencontré Brigitte et poursuivi sa scolarité à Paris. Âgé alors de seize ans.

« À lire certains articles, Emmanuel n'a pas de famille ! C'est quelque chose que je supporte très mal », s'exclame Françoise Noguès-Macron, peinant à masquer une souffrance évidente, son désir de rétablir la réalité, de raconter une vie de famille qui a bel et bien existé. Avec notamment ses « conduites » qu'elle faisait pour ses enfants au tennis, au conservatoire d'Amiens, ces vacances passées ensemble en hiver, au ski, à La Mongie, tout près de son berceau familial, puis plus tard à Courchevel, à Tignes, aux Arcs dans des appartements de location. Ces vacances d'été aussi, en Grèce, en Crète, en Italie, beaucoup en Corse, à Ajaccio, Propriano : « On partait en Citroën et tout le monde était malade sauf Laurent. » Sans oublier ces séjours à Bagnères-de-Bigorre, où le petit Emmanuel travaillait parfois avec sa grand-mère mais allait aussi faire des concours de pêche avec son grand-père maternel et jouait aux boules. Une vie de famille bourgeoise de province, tout ce qu'il y a de classique. Avec des parents qui travaillent beaucoup mais offrent un cocon protecteur et rassurant. Bref, une famille assez traditionnelle ! Qui n'a rien à voir avec le monde merveilleux et fantasma-gorique dessiné par Emmanuel où ne semblait exister que la grand-mère. Rien à voir avec le storytelling répété à l'envi par le candidat à la présidentielle qui – ce qu'elle semble oublier – rend hommage, mais furtivement, à ses parents dans son livre *Révolution*[1]. Évoquant ces derniers « qui l'encourageaient à travailler, voyaient le travail comme un apprentissage de la liberté », il raconte : « Cette famille qui s'inquiétait de moi, pour laquelle rien ne comptait, à certains moments, que cet examen, cette page d'écriture, et qui en exprimait le souci avec ces mots que chante Léo Ferré dans une chanson qui ne cesse de m'émouvoir : "Ne rentre pas trop tard, surtout ne prends pas froid." »

Macron, qui éprouve une retenue naturelle à parler de lui, reconnaît même qu'il a eu, et plus que d'autres, « la tendresse, la confiance, le désir de bien faire ». Mais il ne place pas le curseur au même endroit. « On ne choisit pas sa famille, on ne choisit pas ses parents… », chantait Maxime Le Forestier. Lui a visiblement préféré élire sa grand-mère Manette comme la déesse de son monde enchanté. La reine de son enfance et même de sa vie d'adulte.

Ce que sa mère ne peut accepter : Françoise ne parvient pas à envisager qu'Emmanuel a peut-être vécu son implication effective et affective comme secondaire. Elle ne peut accepter sa subjectivité. Sa vie rêvée dont elle et son ex-mari sont exclus, presque rayés de la carte. De même que le reste de la famille, le frère et la sœur d'Emmanuel,

---

1. XO, 2016.

Laurent et Estelle. Elle refuse que l'on imagine tout et n'importe quoi : qu'ils sont fâchés avec leur fils aîné. Que celui-ci a failli être adopté par sa grand-mère. Qu'ils ont renié leur fils après son histoire d'amour avec Brigitte, ou même qu'ils ne sont plus de ce monde. Étrange, c'est vrai, cette pudeur à dimension variable, cette retenue d'Emmanuel Macron à parler de son enfance, de ses parents, tout en mettant en avant son couple à la une des journaux people. Et en continuant à ériger la statue de sa grand-mère idéalisée.

« Il n'a pas de famille ? ! » En entendant cette phrase prononcée par Françoise Noguès-Macron revient la réflexion amère, le cri de colère qu'avait eu Bernadette Chirac en découvrant que son existence n'était même pas mentionnée dans un article décrivant l'organigramme de l'Élysée. « Le Président est veuf ! » s'était-elle alors exclamée, outrée. Blessée d'avoir été gommée, ignorée et que l'on ait fait disparaître d'un même coup toutes les heures passées à représenter son mari en Corrèze, à Paris, dans des manifestations nombreuses et variées, des pince-fesses ennuyeux à mourir, des comices agricoles à n'en plus finir.

Il en va de même pour Françoise Noguès-Macron. Elle lit dans les journaux et dans les livres des informations concernant une personne qui ne lui paraît pas être son fils. Ou en tout cas pas celui qu'elle connaît ou qu'elle croyait connaître. On le lui a enlevé, et on l'a remplacé par une créature virtuelle, sur papier glacé, qui affole la médiasphère et les réseaux sociaux. Cet Emmanuel est un autre. À moins qu'elle ne l'ait jamais vraiment connu...

À dire vrai, son « Manu » lui a échappé. Depuis longtemps déjà, sûrement. Elle se sent dépossédée. Peut-être, au fond, ne l'a-t-elle jamais vraiment « possédé », ni compris en fait, mais elle s'en rend compte de manière plus aiguë aujourd'hui sous la loupe grossissante des médias. Il lui échappe, il leur échappe, elle n'arrive d'ailleurs même plus à le joindre, tant il est happé par sa nouvelle vie. Parti dans d'autres sphères, tandis que sa famille est réduite dans les journaux à un trio réducteur entre lui, sa grand-mère et Brigitte.

Cela fait quelques années déjà qu'Emmanuel Macron s'est choisi une autre famille. En kit. Celle de sa femme Brigitte. Avec ses enfants et ses petits-enfants. Cela fait quelque temps aussi qu'il est de moins en moins présent aux réunions de « sa » famille naturelle. Que ses parents, ainsi que son frère et sa sœur, le voient plus sur BFM qu'en chair et en os. Ainsi, relève sa mère, il est le parrain de l'un des jumeaux de Laurent son frère, un petit garçon à la jolie tête blonde et délicate, qui « ressemble à Emmanuel petit, c'est frappant »…, mais a de moins en moins le temps de le voir. Et n'a même pas pu venir au Noël familial. Ailleurs, encore, toujours.

Complainte ordinaire et assez banale d'une mère qui voit son fils accaparé par une autre vie, une autre femme. Complainte d'une mère qui souffre de l'image qu'on lui renvoie de son garçon. Du rôle ou de l'absence de rôle qu'on lui octroie. Qui ne supporte pas d'être gommée. Alors elle est heureuse de raconter qu'elle a « failli tomber à la renverse » quand, pour son anniversaire, le 8 décembre 2016, son fils l'a invitée à déjeuner dans un restaurant du 15ᵉ arrondissement et lui a apporté son livre dédicacé. « Ces quelques moments de complicité ont été pour moi très importants. Les personnes présentes dans le restaurant, qui l'avaient reconnu, ont respecté cette intimité et ne l'ont salué et encouragé qu'au moment où on est sorti. »

Évidemment elle est fière, Françoise Noguès-Macron, de cette trajectoire express extraordinaire, de l'incroyable parcours de son fils, mais elle n'en demandait pas tant. Elle a l'air désemparé. À vrai dire tout cela la dépasse. Et l'effraie. Elle est décontenancée face à ce système médiatique qu'elle ne connaît pas. Face à cette pieuvre implacable, intraitable, injuste. Jamais rassasiée. Supporte mal, aussi, que son fils soit scruté, analysé, disséqué, traqué quand il ne se livre pas lui-même en pâture. Comme c'est souvent le cas lorsque, dans une famille, un membre passe soudain sous les sunlights, elle a du mal à s'habituer. Toutes ces unes de journaux, tous ces articles, ces livres, ces informations sur Internet, ces affiches, elle les vit comme un viol : « C'est comme une intrusion dans notre vie privée. » Sans compter les coups de fil des amis plus ou moins bienveillants, toujours prompts à raconter un ragot, à s'étonner de telle couverture de magazine, telle celle de *VSD* où on le voyait complice au côté de Ségolène Royal. Après avoir été le fils spirituel de Rocard, d'Henry Hermand, de Hollande, voilà maintenant que l'on dit que Ségolène est sa mère : « Quand j'ai vu ça, je me suis dit, "ça y est, on a encore disparu !" ».

Sur le qui-vive, attentive, réactive, Françoise Noguès-Macron lit tout, scrute tout et s'est installée une alerte sur son téléphone pour ne rien louper. Elle est « accro », et même s'il y a des jours où elle sature, elle n'arrive jamais à débrancher totalement. Quand elle a entendu les rumeurs sur la présumée homosexualité, elle a dit à son fils : « Mais tu vas démentir ! » Il lui a rétorqué : « Mais non, maman, répondre ne ferait qu'alimenter cette rumeur infondée et sans intérêt[1]. » C'est plus fort qu'elle, elle ne s'y fait pas, nostalgique de la période où elle l'avait plus pour elle. De cette époque où ils allaient à l'Opéra quand il était étudiant à l'ENA et que Brigitte n'était pas encore vraiment là. Regrettant le temps où, lorsque son fils était ministre de l'Économie, elle a suivi toutes les discussions à l'Assemblée de la loi Macron. Jour et nuit, ayant appris les noms des députés présents dans l'hémicycle, envoyant des SMS à son garçon pour le mettre en garde : « Celui-là est notaire », « Celui-là t'aime bien ». Une véritable petite assistante parlementaire… Qui a vécu le 49.3 comme un coup de Jarnac de Manuel Valls. « Le 49.3 m'est resté en travers de la gorge, explique-t-elle. Quand j'ai vu la tête d'Emmanuel sur les bancs de l'Assemblée, j'ai pensé qu'il allait démissionner le soir même. Il a montré une force de caractère que je ne lui soupçonnais pas. »

Elle est une mère. Inquiète. À fleur de peau. Un peu comme un lapin aveuglé par les phares d'une voiture alors que c'est son fils qui est exposé. « Quand il est au Touquet, c'est épouvantable. Il ne peut pas mettre un pied dehors. Tout le monde le reconnaît. » Mais ce qu'elle a le plus de mal à

---

1. Il a cependant démenti avec humour et publiquement cette rumeur, quelque temps plus tard, lors d'un meeting au théâtre Bobino, à Paris, le 7 février 2017.

supporter reste cette vie virtuelle, faussée, incomplète que relatent les médias.

« On lui a créé une vie romancée », regrette-t-elle. Certes, elle ne remet pas en question la relation qu'il avait avec sa grand-mère (« maman », dit-elle), mais elle s'insurge : « On lui a quand même apporté quelque chose. On lui a apporté les valeurs de la famille, le goût du travail et le respect de la liberté. Je ne sais pas, vous êtes une femme, vous avez des enfants ? Vous me comprenez ? ».

Moins à vif, en des termes différents, plus tempérés, Jean-Michel Macron, le père d'Emmanuel – qui habite toujours à Amiens dans la maison familiale d'Henriville –, ne dit pas autre chose quand il lâche : « On lui a construit une enfance avec des images d'Épinal qui se vendent bien. Avec sa grand-mère enseignante et son arrière-grand-mère illettrée. Cela fait très IIIᵉ République ! Alors les parents, dans ce schéma, ils sautent ! » Jean-Michel Macron relativise, analyse, conceptualise. Semble plus placide, fataliste face à cet enfant au destin singulier. Et ne cache pas, lui qui a toujours voté à gauche, que ce sont les faiblesses du président sortant qui ont permis à son fils de percer. « Avec Hollande, estime-t-il, on manquait singulièrement de storytelling. Or un peuple a besoin qu'on lui raconte une histoire, ce que ce dernier n'a pas su faire. » Bon, de là à être zappés, c'est un peu fort de café. Alors il donne sa version : « Nous étions des parents dans la moyenne qui s'occupaient de leurs enfants. Une vie banale. On ne l'a pas mis dehors. » Il dit ça calmement. Oui, il trouve cette interprétation « désagréable et tellement caricaturale », et a accepté de s'exprimer uniquement parce qu'on l'y a encouragé, pour ne pas donner l'impression qu'il y a quelque chose à cacher. Tout comme sa femme. À cause de la loi non écrite de la nécessaire transparence ou pseudo-transparence qu'exige une vie publique.

Françoise et Jean-Michel ou l'envers du décor. Des parents qui ont évidemment forgé le tempérament de leur fils, Emmanuel. Des illustrations, chacun à leur manière, d'une ascension républicaine entamée par leurs parents respectifs.

Françoise Noguès-Macron, fille d'enseignants, a toujours travaillé. C'est une Occitane. Dont le berceau familial se situe à Bagnères-de-Bigorre (sous-préfecture des Hautes-Pyrénées), d'où sont originaires ses grands-parents maternels et dont l'oncle, Roger Noguès, fut adjoint au maire. Elle a fait des études de médecine, commencé – on l'a vu – un cursus de pédiatrie qui sera interrompu par la naissance en 1979 de Laurent, le frère d'Emmanuel. « Je n'ai pas préparé l'internat alors que mon mari l'a passé brillamment. »

La médecine était une vocation, c'était le chemin qu'elle voulait emprunter depuis qu'elle avait neuf ans. Une passion de famille puisque son frère (décédé) était généraliste, que sa sœur est « ophtalmo » et que deux de ses trois enfants, Laurent et Estelle, nés après Emmanuel, sont médecins eux aussi.

Après la naissance de ces deux fils, Françoise met pourtant un frein à ses études. Elle peint, fait de la sculpture, et ses travaux envahissent un peu la maison. Pressée par son frère, elle passe le concours de la Sécu et y devient, à partir de 1981, médecin vacataire puis médecin conseil détaché au contrôle des hôpitaux. Un travail de santé publique qu'elle trouve intéressant, même s'il n'a pas grand-chose à voir avec l'exercice libéral de la médecine.

En 1999, médecin chef divorcée, elle quitte Amiens (elle avait demandé Paris, Toulouse, Montpellier) et se retrouve à Paris. Elle devient à nouveau médecin conseil de base, a des consultations à la Goutte d'Or – « rien de passionnant ». En 2001, elle est reçue à la Caisse nationale d'assurance maladie. Elle écrit des articles scientifiques sur la dialyse, puis est nommée chef de projet sur le PRADO, le Programme d'accompagnement au retour à domicile après hospitalisation. Elle arrête brutalement parce qu'elle est opérée du ménisque – dix-huit mois de cannes anglaises.

Originaire de Picardie, Jean-Michel Macron a une carrière différente. Son ex-femme le décrit comme un intello pur et dur, dans sa bulle, un peu introverti, qui a toujours beaucoup lu. « Le relationnel », c'était elle. Il possède un humour distancé, semble avoir un jugement assez sûr sur les êtres. Neurologue, il a suivi des études de français, latin, grec et, « plus littéraire que matheux », rêvait de devenir archéologue. Un rêve qu'il n'a pu exaucer car ses parents, « qui venaient d'un milieu modeste », jugeaient qu'être médecin était plus raisonnable, rassurant. Cette discipline leur semblait être, comme l'écrit Emmanuel Macron dans son livre *Révolution*, « une voie royale » pour réussir une ascension républicaine digne de ce nom. Jean-Michel (« brillant, selon son ex-femme, reçu premier à l'internat à Amiens et à Caen et très bien classé à Montpellier ») a voulu se spécialiser, dans un premier temps, en psychiatrie avant de changer d'orientation pour bifurquer vers la neuro-physiologie. Et travailler à Paris, à la « Salpé » (Salpêtrière) notamment. « Ma passion pour le cerveau a continué », résume-t-il de son côté, aujourd'hui spécialisé dans l'épilepsie et les troubles du sommeil, et chef de service en neurobiologie.

Il est plus lié à son fils Emmanuel par une complicité intellectuelle. Un goût commun pour la philo, la littérature, l'histoire, une vision épique de la politique. « On parlait de Révolution française, de Napoléon, de la Seconde Guerre mondiale, de De Gaulle et, comment vous dire... Emmanuel n'était pas admiratif de Clemenceau », sourit-il en faisant référence au héros de Manuel Valls.

Même s'il ne le voit ni ne lui parle souvent – pas autant en tout cas que lorsque son fils était secrétaire général adjoint de l'Élysée –, le lien existe. « À l'époque, on discutait pas mal le week-end », note-t-il, en se souvenant qu'il est allé deux fois rendre visite à son fils à l'Élysée et qu'il a rencontré « monsieur Hollande ». Visiblement intéressé par la politique mais pour le moins désabusé, il est inquiet, lui aussi, de la violence de ce monde sans foi ni loi. Et regrette son côté chronophage, dévorant. « Mon grand drame, dit-il avec humour, c'est que je suis jaloux de la politique ! » C'est aussi de se voir condamné à être un spectateur impuissant de ce pouvoir « qui, comme tous les pouvoirs, coupe de la réalité, qui devient uniquement perçue à travers des filtres déformants ». Il est, lui aussi, une victime collatérale de l'ascension fulgurante de « Manu ». La politique lui a volé son fils. A créé un Alien, un personnage fictif. Qui s'emballe sur scène lors de grands-messes que lui n'apprécie guère (« cela devient un peu excessif »). Qui s'affiche en couple à la une de *Paris Match*, ce qu'il ne goûte guère plus. Un fils qui n'est ni tout à fait le même ni tout à fait un autre que celui qu'il connaît : « Autant je suis à peu près d'accord sur ses idées, autant je suis un tantinet allergique à tout ce qui est un peu show-biz, à sa vie médiatique. »

Lui aussi, il doit penser que « Manu » lui a échappé. Qu'il est devenu une espèce de Jean-Claude Romand de la politique s'étant inventé une autre existence que la sienne. Une vie extraordinaire où se mêlent réalité et imaginaire. Où il gravit les échelons, à la vitesse grand V. Grâce à son intelligence bien sûr, à son travail, mais aussi à son charisme indéniable. Il le sait bien, Jean-Michel Macron : son fils séduirait une chaise. Et cela ne date pas d'hier, ce besoin de convaincre.

« Il a toujours eu un charisme fantastique, même jeune », commente-t-il en se souvenant en riant d'un article lu qui disait en substance : « Quand on entre dans le bureau de Macron, on en sort toujours convaincu. » « C'est vrai, il possède une vertu assez étonnante, est très doué pour les relations humaines. Il a un pouvoir de séduction qui peut marcher. » Pour autant, Jean-Michel Macron n'imaginait pas son fils bifurquer vers la politique, le voyant plutôt dans des activités intellectuelles : professeur de fac en droit, économie ou écrivain…

Mais la politique, un monde tellement violent, tellement loin d'une existence familiale tranquille ou d'une vie d'intellectuel… Il se souvient de ce que lui avait confié un jour Emmanuel alors qu'il était à l'Élysée. « Les gens sont durs dans la finance, mais on y respecte quelques règles, alors qu'en politique aucun coup n'est interdit. »

Alors, lui aussi, il est inquiet. À sa façon, même si ce père aimant, admiratif mais pas dupe semble parfois regarder d'un œil presque clinique ce fils singulier qui sait si bien s'imprégner des autres : une « véritable éponge » qui sait mieux que personne se nourrir des autres.

Pendant deux-trois ans, Jean-Michel a fait du grec avec Emmanuel (le grec n'était pas enseigné à La Providence, le collège de jésuites où il était depuis le collège) –, comme plus tard avec sa fille. Il a aussi travaillé un peu la « philo » avec lui. « On discutait », se souvient-il. Il lui a fait découvrir Nietzsche, mais aussi Michel Foucault, Lévi-Strauss, Althusser – qu'il a toujours dans sa bibliothèque... « Il pillait souvent ma bibliothèque », s'amuse-t-il. Lisait des auteurs contemporains de l'époque où Jean-Michel lui-même était lycéen. « J'avais en 68-69 un prof qui sortait de Normale sup et qui nous avait emmenés assister à un séminaire de Lacan, à Normale », se souvient-il.

Jean-Michel Macron, qui exerce toujours, décrit un enfant « qui avait toutes les qualités : joyeux, très travailleur, gentil ». Un petit garçon qu'il fallait plutôt inciter à « faire des activités physiques qu'à bosser ». Il allait jouer au tennis au club juste en face de leur maison, à Henriville, le quartier bourgeois d'Amiens, ou au foot. Mais en dehors de la natation le sport n'était pas sa tasse de thé. Emmanuel développait son esprit de compétition ailleurs. Au conservatoire de musique d'Amiens, où sa mère l'avait inscrit en piano. « Il pensait à l'excellence, il s'était pris au jeu… Il se prend au jeu de beaucoup de choses, d'ailleurs », relève son père. Sa mère, elle, se souvient que, alors qu'il avait été recalé au concours d'entrée du conservatoire, en première année, par une professeur, il avait tenu à repasser avec elle l'année suivante. Une marque d'orgueil ? En tout cas, l'impossibilité d'accepter qu'il pouvait ne pas convaincre ! Un trait que l'on retrouvera des années plus tard quand Emmanuel Macron devient ministre, toujours favorable à la confrontation directe. Au corps-à-corps des idées. La seconde fois, le jeune Macron avait, en tout cas, réussi l'épreuve du conservatoire…

Un enfant qui était dans son monde. Singulier mais « suffisamment extraverti pour ne pas être solitaire », décrit drôlement son père. Qui se débrouillait toujours, lors des activités extrascolaires, pour être en première ligne. Attiré par les adultes parce que mû par la curiosité. Un enfant qui, se souvient sa mère, « avait déjà des livres dans la main dès l'âge de deux ans. Il mettait un crayon au milieu, comme nous faisions mon mari et moi ». On imagine le petit singe savant, l'enfant majuscule, que les professeurs adorent mais qui a du mal dans les relations humaines, elle corrige : « Jamais, dans la famille, on n'a dit qu'il était hors-norme. » Ce n'était pas un Wunderkind, mais « un enfant normal, il aimait jouer », un gosse un peu différent quand même, qui n'avait pas vraiment de copains très proches. « Il était très bien avec tout le monde mais je ne l'ai pas vu avec un ami intime. Emmanuel cloisonne beaucoup », relève Françoise Noguès-Macron.

Le petit garçon, qui va à l'école publique jusqu'en CM2 – l'école était pratiquement au fond du jardin –, se fait vite remarquer, en tout cas. Il est souvent le responsable de classe. Précoce, indéniablement. Il sait lire à cinq ans. Sa mère le pense hypermnésique, doué d'une mémoire phénoménale, il connaît très jeune les grandes figures de la mythologie grecque. Et puis il a cette particularité relevée par celle-ci : « Il a toujours aimé parler en public, même très petit. »

Un brin polard peut-être ? Du genre chouchou qui agace ses camarades ? Dans un article de *Vanity Fair* de février 2017, son professeur d'histoire de La Providence, où il suivit sa scolarité à partir de la sixième, se souvient que cet élève restait avec lui pour « discuter sérieusement » après les cours. C'est ainsi : Emmanuel a toujours été plus proche de ses profs, attiré intellectuellement par les personnes plus âgées. « Il avait des copains mais qui étaient tellement admiratifs... C'était la coqueluche de tout le monde en classe », assure sa mère, admirative.

En sixième et sur les conseils de sa grand-mère, ancienne directrice de collège, Emmanuel (de même, plus tard, que son frère et sa sœur) quitte le public pour entrer à La Providence. La Pro, un collège tenu par les jésuites. *A priori*, ce n'est pas vraiment la culture maison. Les Macron, qui ont toujours inculqué l'importance du travail comme moyen d'émancipation et de réalisation à leur progéniture, ont cependant donné à leurs enfants une éducation plutôt fondée sur la liberté. « Pour moi, confirme Jean-Michel Macron, qui se revendique agnostique, la liberté dans beaucoup de domaines est l'élément déterminant, et je crois plus à la force de conviction qu'à la contrainte[1]. »

L'enseignement plutôt sévère et encadré dispensé par les jésuites (en réalité, il n'en restait qu'un à La Pro) n'est pas franchement la tasse de thé des parents Macron – qui, selon Brigitte, laissaient tout faire à leurs enfants –, mais ce choix est fait essentiellement pour des raisons d'organisation.

Emmanuel, Laurent et Estelle, la petite dernière qui est aussi médecin (elle n'était pas très proche d'Emmanuel) suivent donc leurs études à La Pro.

Laurent, né dix-huit mois après son frère – « Emmanuel était devant », comme le dit sa mère –, doit gérer plus directement la cohabitation avec ce frère si parfait. Et visiblement, la phrase anodine « Emmanuel était devant » ne signifie pas seulement qu'il était l'aîné, qu'il avait l'avantage de l'antériorité, mais aussi qu'il était en avance. De quoi complexer (ou bloquer) ceux qui arrivaient derrière. Ainsi, sa mère se souvient que, jusqu'à deux ans, le frère cadet d'Emmanuel ne parlait pas. Elle alla donc voir le pédiatre, s'inquiéta : « Il y a quelque chose ? — Oui, m'a répondu le médecin, il y a Emmanuel. »

Emmanuel si parfait. Emmanuel qui attire l'attention des adultes est attiré vers eux. Emmanuel toujours proche de ses profs, intéressé par la conversation de ses aînés. Et qui avait aussi une drôle d'habitude vers cinq-six ans : attraper les lézards et mettre leur queue dans des bocaux, ce qui « sentait particulièrement mauvais ! Dans la

---

1. Entretien avec l'auteur, le 13 janvier 2017.

maison familiale de Bagnères-de-Bigorre, il allait à la chasse aux lézards, ramassait les vers luisants et aimait scruter le monde des fourmis », se souvient encore sa mère.

Quelle que soit la personnalité d'Emmanuel, Laurent, devenu cardiologue, est loin d'être écrasé par son frère. Il se fraie son chemin. Différent. Il se distingue au tennis, où il est classé, a une bande de copains. Et, à la maison, des copines qui défilent. Bref, il occupe un autre créneau.

Ce qui ne l'empêche pas de se bagarrer avec Emmanuel comme tous les frères du monde. Avec une particularité, témoigne leur mère : quand cela arrivait, Laurent se défendait physiquement et Emmanuel, lui, ripostait avec des phrases, des joutes oratoires. Comme dirait Audiard, dont Macron connaît paraît-il des dialogues par cœur, « c'est curieux, chez les marins, cette manie de faire des phrases ». Chez Emmanuel, la manie a visiblement commencé tôt.

2

Manu et Manette,
« je n'aime que toi »

« Et un sourire se détacha de ma pâleur et dit : je tenais à ces êtres par mille fils confiants dont pas un ne devait se rompre. J'ai aimé farouchement mes semblables cette journée-là, bien au-delà du sacrifice. Alors oui, aujourd'hui je vous aime farouchement, mes amis. »

Ce 4 février 2017, en prononçant l'un des fragments des *Feuillets d'Hypnos* de René Char, devant une foule exaltée, réunie dans le stade Gerland, à Lyon, Emmanuel Macron, faisant écho à un Pompidou citant des vers d'Eluard lors d'une conférence de presse, adresse une fois de plus un signe à sa grand-mère. Celle qui a cru en lui, a vu chez lui la possibilité d'un destin hors du commun ; celle qui l'a initié à la littérature et à la poésie, lui faisant découvrir entre autres écrivains le poète et résistant René Char, auteur de cette citation tant et tant de fois utilisée par les élus et qui sied tellement bien au Petit Prince virtuel de la politique : « Impose ta chance, serre ton bonheur et va vers ton risque. À te regarder, ils s'habitueront. »

À dire vrai, ce n'est pas la première fois que l'ancien ministre et candidat à la présidentielle fait référence à sa grand-mère. Elle est omniprésente. Et son petit-fils lui voue un culte qui ne tarit pas. Lui qui se targue de ne pas livrer cette part d'intime qu'implique la médiatisation – tout en posant obligeamment quand il le faut en une de *Paris Match* – accepte pourtant d'évoquer plus que de raison cette grand-mère, disparue en 2013, à laquelle il doit beaucoup. Il l'a écrit : il n'est pas un jour sans qu'il ne pense à elle, ou ne cherche son regard. Un regard d'encouragement, d'approbation et d'amour. Un regard où il puisse comprendre qu'il est « digne de son enseignement ». Car ces deux-là avaient peut-être deux générations de différence mais ils parlaient la même langue, partageaient le même univers.

C'est à se demander si, au fond, ce n'est pas à elle qu'il s'adresse quand il termine, christique, son meeting de la porte de Versailles à Paris, les bras en croix ? Si ce n'est pas à elle qu'il pense quand il chante *La Marseillaise*, les yeux fermés, la main sur le cœur, à Lyon ? Comme envoûté, transporté, ailleurs, dans le monde merveilleux de ses songes d'enfant ?

Revenu peut-être à ces années à Amiens, dans l'appartement de sa grand-mère, résidence Delpech, à quelques minutes de la maison familiale. À ces moments à part, comme suspendus dans le temps, où le petit garçon qu'il était retrouvait cette femme qui avait « ouvert les portes de la connaissance, du beau, peut-être de l'infini » à des générations d'élèves, souvent filles de milieux modestes, comme elle, mais aussi au petit garçon en quête d'absolu qu'il était.

Elle, sa grand-mère. Elle, qu'il mentionne souvent dans ses réunions publiques. À Nevers, Paris, Lyon. Elle, qui l'a révélé. Qui était tout à la fois, pour cet enfant solitaire et si à l'aise en public, « son amie », sa confidente, sa répétitrice, voire sa seconde mère même s'il en avait une « vraie ». Une chose est sûre : cette grand-mère chez qui il buvait du chocolat chaud « en écoutant Chopin et en découvrant Giraudoux », cette grand-mère pour qui « la littérature, la philosophie et les grands auteurs étaient plus que tout » l'a fait grandir. Elle lui a appris à travailler – la grammaire, l'histoire, la géographie –, au cours de longues heures à son côté, mais aussi « à lire à voix haute auprès d'elle. Molière et Racine, Georges Duhamel, auteur un peu oublié qu'elle aimait, Mauriac et Giono », se souvient Emmanuel Macron dans son livre.

Cette grand-mère adorée, vénérée, s'appelait Germaine. Germaine Noguès. Mais personne ne l'appelait ainsi. Elle n'était pas du genre, non plus, à se faire appeler « grand-mère » ou mamie. Trop ordinaire. Réducteur. Alors ce fut Manette, surnom trouvé par une cousine d'Emmanuel. Pour Manette, « Manu » était son élu. Oui, son élu. Pas son chouchou, son petit-fils préféré, ce n'est pas pareil, car ces deux-là se sont choisis, ainsi que l'assure Brigitte Macron, lorsque Emmanuel avait quatre-cinq ans et que son aïeule a repéré que ce gamin-là n'était pas comme les autres. Qu'il « n'était pas un rejeton classique », ainsi que l'explique drôlement Brigitte.

À partir de là, l'ancienne directrice de collège et le petit garçon à la gueule d'ange ont noué des liens peu communs. Exclusifs. Intenses. Exigeants. Extraordinaires, au sens littéral du terme. Des liens d'amour, de dépendance aussi, qui ont duré jusqu'à la mort de Manette. Des liens probablement tellement intenses qu'ils en étaient gênants ou difficilement compréhensibles pour les autres. Et en premier lieu pour la mère d'Emmanuel, Françoise – on l'a vu. Qui a souffert de se sentir exclue, dépossédée de cet enfant qu'elle avait tant voulu et que sa mère désignait parfois – d'un lapsus révélateur – comme « son fils »… Pour son père aussi, qui s'est parfois élevé contre l'emprise trop forte de cette grand-mère maternelle sur son fils. Enfin, pour le frère et la sœur d'Emmanuel, plutôt pris en charge par les autres grands-parents, les parents de leur père, dont Françoise était très proche alors qu'elle avait des relations plus tendues avec la fameuse Manette.

Brigitte, elle, a compris qu'il n'était pas question de vouloir briser ou minimiser cette relation exceptionnelle. Elle a saisi que c'était impossible, non négociable. Parce que Manette était « un pilier » pour Emmanuel. Parce que, au fond, ces deux-là vivaient aussi une histoire d'amour. Singulière, mais une histoire d'amour pure, forte, indestructible. Entre une grand-mère et son petit-fils. Ceux qui ont connu de telles relations avec leur aïeule – et ils sont quelques-uns parmi les « proches » d'Emmanuel Macron – sont unanimes : on ne noue pas deux fois, dans une vie, de tels liens. Cela l'a rapproché, par exemple, de François Henrot. L'associé-gérant de Rothschild & Cie et bras droit de David de Rothschild juge ainsi en connaisseur : « Peut-être que, quand on est très aimé par une grand-mère qui vous explique que vous êtes formidable, cela crée une bulle chaude autour de vous[1]. »

Compréhensive, Manette a cautionné les amours singulières de son petit-fils avec Brigitte Trogneux, qui était professeur dans son collège. « Mais cela ne s'est pas fait tout de suite, précise Emmanuel Macron. Au début, elle l'a mal pris et puis, après, ça a été rapide », sourit-il, manière de sous-entendre qu'il est difficile de résister à sa force de persuasion[2]. Avec le temps, Manette est même devenue l'alliée des deux amoureux. « Rien n'aurait été possible si elle n'avait pas donné son assentiment », confie Brigitte, qui se souvient que lorsque Emmanuel était parti à Paris, elle rendait souvent visite à la fameuse grand-mère. Et restait des après-midi entiers dans sa maison, tout près de la demeure familiale des parents Macron, à parler littérature. « Elle avait une passion pour La Fontaine, que l'on partageait[3]. » Et quand Emmanuel est entré à la banque Rothschild, quelle que soit l'heure, il ne manquait pas de téléphoner à Manette. Pour des échanges qui duraient parfois près d'une heure. Des échanges indispensables. « Emmanuel n'a besoin de personne. C'est une éponge. Il reçoit, il absorbe, mais s'il en est arrivé là, il ne le doit qu'à lui et à sa grand-mère », juge Brigitte Macron qui se rappelle combien il était « incroyable » de les voir tous les deux. D'entendre la grand-mère dire à son petit-fils adoré : « Je n'aime que toi. »

---

1. Entretien avec l'auteur, le 26 janvier 2017.
2. Entretien avec l'auteur, le 28 février 2017.
3. Entretien avec l'auteur, le 17 janvier 2017.

Cette relation exceptionnelle a commencé quand Emmanuel était à l'école primaire. À l'époque, il va souvent déjeuner chez Manette, mais rentre dormir chez ses parents.

Comment expliquer des liens aussi uniques ? Manette n'avait pourtant pas vraiment le profil d'une « mamie gâteaux ». Elle était exigeante. Élevée à la dure, elle avait le profil type des héritiers des hussards noirs décrits par Charles Péguy, ces instituteurs de la IIIᵉ République ayant pour mission d'instruire la population française.

Née Arribet dans une famille modeste de Bagnères-de-Bigorre, d'un père chef de gare et d'une mère femme de ménage, elle fut la seule à poursuivre ses études au-delà du brevet. Une singularité d'autant plus notable que son père « lisait mal et sans comprendre les nuances » et que sa mère – la fameuse arrière-grand-mère illettrée à laquelle Emmanuel Macron a fait allusion après avoir évoqué les salariées de l'entreprise Gad – ne savait pas lire, comme le raconte l'ancien ministre dans son livre. Remarquée par un professeur de philo en terminale, Germaine avait suivi des études de lettres par correspondance pour décrocher, poursuit son héritier, « quelques années avant la guerre, le diplôme qui lui permettrait d'enseigner à Nevers, emmenant avec elle sa mère qui était ce qu'on appelle aujourd'hui "une femme battue", et qu'elle ne quitterait plus jusqu'à la fin ».

Germaine Noguès était une femme de caractère, une enseignante majuscule de l'espèce rare des passeurs, ces professeurs qui vous tirent vers le haut comme celui du *Cercle des poètes disparus*.

Mais une femme qui pouvait également être dure. Sa fille, Françoise Noguès-Macron, la mère d'Emmanuel, décrit une personne restée forte jusqu'à sa mort à quatre-vingt-dix-sept ans, en 2013. « Une femme exceptionnelle jusqu'à la fin » et qui, un mois avant son décès, récitait encore du Baudelaire avec Estelle, la sœur d'Emmanuel. Une intellectuelle qui se débrouillait pour sécher les réunions de famille et s'enfermait souvent le dimanche dans son bureau afin de lire et d'écouter de la musique classique en fumant. Une femme qui pouvait être « terrible, très exigeante » quand il s'agissait de travail. Sa fille se souvient que, après avoir travaillé Voltaire, elle a ainsi « fait un rejet » de tout ce qui était littérature… Et elle ne cache pas avoir entretenu des relations difficiles, parfois tendues, avec cette mère qui, lorsqu'elle la voyait à la cuisine, lui lançait : « Ma pauvre fille, tu ne vas pas perdre ton temps à faire ça ! »

Intransigeante, Manette l'était cependant aussi avec Emmanuel – « elle ne lui passait rien, elle ne connaissait que le travail », analyse Brigitte Macron –, mais aussi avec ses autres petits-enfants, qu'elle a aidés à préparer leur bac français.

Son mari, surnommé « Koulou », était un homme affable et dynamique, enseignant également. Il venait régulièrement dîner chez les parents d'Emmanuel et jouait souvent aux échecs ou au ping-pong avec les enfants tandis que Manette, elle, n'apparaissait pas. Selon son gendre, Jean-Michel Macron, une fois à la retraite, cette ancienne directrice d'école – qui avait des liens plus sociaux que réels avec son mari – s'était peu à peu « recroquevillée », cloîtrée chez elle : « Emmanuel était son hublot sur le monde extérieur, elle était fortement dépendante de lui », analyse-t-il en se souvenant qu'elle suivait ce qu'il faisait, découpait pour lui des articles du *Monde* qu'elle jugeait intéressants. Et lui avait même préparé des fiches quand il était à Sciences-Po.

Visiblement – et même si le père d'Emmanuel Macron est, on l'a vu, un peu agacé par l'exploitation médiatique de cette grand-mère dont le parcours s'assimile à une parfaite image d'Épinal afin d'illustrer l'ascension républicaine d'une fille du peuple –, son fils est resté très attaché à sa grand-mère. Jusqu'à ses derniers jours.

Lorsque la santé de Manette se détériore, en avril 2013, Emmanuel Macron, qui est secrétaire général adjoint de l'Élysée depuis mai, l'appelle ainsi tous les jours. Et, le 13 avril, un samedi matin, quand sa mère lui téléphone alors qu'il est en réunion pour l'informer que « cela ne va pas du tout », Emmanuel fonce en voiture à Amiens. « Manu »… Manette, qui semblait avoir perdu conscience depuis la veille, murmure le prénom de son petit-fils alors qu'il est encore en haut de la rue. Et poussera son dernier soupir dans ses bras, sous les yeux de sa fille.

Au siècle dernier, en 1931, un autre homme politique, François Mitterrand, assistait, lui (mais bien plus jeune, à quinze ans), à la disparition de sa grand-mère adorée, à Jarnac, en Charente. Eugénie Lorrain, dite « Maman Ninie », catholique pratiquante dont il recueillit les dernières paroles. Il avouera, bien des années plus tard : « Quand ma grand-mère est morte, je suis resté pétrifié, assis dans un fauteuil, à m'emplir les yeux pendant des heures [...] la mort n'est pas la séparation d'un instant. Je n'ai donc pas quitté des yeux ma grand-mère jusqu'à la mise en cercueil [...]. Je garde le privilège d'un amour véritable[1]. »

Le jour de l'enterrement de Manette, qui se déroule dans l'intimité familiale, dans les Hautes-Pyrénées, le fief de la famille Noguès (une messe en sa mémoire sera organisée plus tard à Amiens en l'église Saint-Martin), Emmanuel, pris par l'émotion, prononce un discours « à vous remuer les tripes ». Et depuis, à n'en pas douter, il n'est pas un jour sans qu'il pense à Manette et à ce « privilège d'un amour véritable » évoqué par François Mitterrand...

---

1. *In* François Mitterrand, *Ma part de vérité*, livre d'entretiens avec Alain Duhamel, Fayard, 1969.

3

Vivre et aimer

« Comprenne qui voudra, moi mon remords, ce fut la victime raisonnable au regard d'enfant perdu, celle qui ressemble aux morts qui sont morts pour être aimés... » C'était le 22 septembre 1969, lors d'une conférence de presse à l'Élysée. Répondant à une question que venait de lui poser un journaliste de Radio Monte-Carlo sur le suicide par le gaz de Gabrielle Russier, intervenu quelques jours plus tôt, Georges Pompidou, tout frais président de la République, marque d'abord un long silence. Puis, les coudes posés sur la table devant lui, et les mains croisées, il plonge son regard dans l'assistance et débite d'un trait, la voix légèrement éraillée, ces quelques vers d'Eluard – écrits en référence aux femmes tondues à la Libération.

Gabrielle Russier... À l'époque, ce fait divers dramatique secoue la France. Gabrielle Russier avait trente-deux ans. Divorcée depuis plusieurs années, elle était professeur, agrégée de lettres, au lycée Saint-Exupéry à Marseille, et était mère de jumeaux. Son tort ? Avoir noué une liaison avec l'un de ses élèves de terminale, Christian Rossi, âgé de dix-sept ans. Une histoire née dans la fougue et l'insouciance de mai 1968 et qui lui vaut d'être poursuivie par les parents du garçon pour détournement de mineur. Ensuite arrêtée et emprisonnée cinq jours aux Baumettes, en décembre 1968, puis huit semaines en avril, avant d'être condamnée en juillet 1969 à douze mois de prison et 500 francs d'amende. Et de mettre fin à ses jours. Une histoire dramatique qui inspira la chanson de Charles Aznavour puis le film d'André Cayatte avec Annie Girardot, en 1971, *Mourir d'aimer*.

Une femme trentenaire, professeur de français, mère de famille. Un jeune homme, qui est son élève en cours de théâtre. Une ville de province. Des parents inquiets. La morale heurtée. « Lui le printemps, elle l'automne », « les gens haineux face à eux-mêmes/Avec leurs petites idées », comme le chantait Aznavour dans *Mourir d'aimer*... Les similitudes ne manquent pas entre l'histoire de Christian Rossi et Gabrielle Russier, et celle qui se déroule, vingt-quatre ans plus tard, entre Emmanuel Macron et sa future femme, Brigitte Auzière, née Trogneux. Des points communs mais une issue bien différente : dans un cas, l'un des deux protagonistes choisit de mourir d'aimer. Dans l'autre, ils décident tous deux de vivre et... de s'aimer. D'attraper leur chance et d'imposer leur bonheur...

« Un amour d'abord clandestin, souvent caché, incompris de beaucoup avant de s'imposer à eux », raconte Emmanuel Macron dans *Révolution*. « Mais un amour qui, à force de ténacité et de détermination, a pu être vécu au grand jour. »

Évidemment, la France de 1969 et Pompidou, et celle de Mitterrand, en 1993, n'ont pas grand-chose en commun. Comme le dit en riant le père d'Emmanuel Macron : « L'eau a coulé sous les ponts depuis l'affaire Russier. » Et ce d'autant plus facilement que les parents d'Emmanuel – ils tiennent à le souligner – n'ont pas porté plainte à l'époque contre Brigitte Auzière pour détournement de mineur.

Cela dit, c'est une évidence : l'irruption de l'amour dans la vie de leur fils les a bousculés. Et a fait un peu de bruit dans le quartier bourgeois d'Amiens où se situe le très respectable collège de jésuites de La Providence, l'établissement où Brigitte enseignait et Emmanuel étudiait. Aussi libéraux soient-ils, les parents d'Emmanuel ne bondissent pas de joie en apprenant la nouvelle. Même s'ils ont compris depuis quelque temps déjà que leur fils était un être à part. Brillant, aimable, affable en société, capable de charmer quelque auditoire que ce soit, mais au fond très bien avec lui-même ou avec sa grand-mère. Emmanuel aime lire, lire encore et encore. Il est un peu hors du monde. Ou dans un monde qu'il s'est créé. Il vit « par les textes et les mots », comme il le reconnaît lui-même dans *Révolution*, et ne reconnaît que deux autres horizons : le piano et le théâtre.

Et c'est justement par le biais du théâtre – une révélation – qu'il fera la rencontre de Brigitte Auzière. L'histoire a été narrée par Emmanuel Macron lui-même : « C'est au lycée, par le théâtre, que j'ai rencontré Brigitte. C'est subrepticement que les choses se sont faites et que je suis tombé amoureux. Par une complicité intellectuelle qui devint jour après jour une proximité sensible.

Puis, sans qu'aucun ne lutte, une passion qui dure encore. » On notera la pudeur romantique derrière l'expression « proximité sensible ».

Brigitte se souvient, de son côté, que lorsqu'elle est arrivée à La Providence, « tous les professeurs ne parlaient que d'Emmanuel ». Sa propre fille, Laurence, en classe avec lui à « La Pro », lui parle également « de ce fou » qui « sait tout sur tout ». Professeur de français, elle ne l'a pas dans sa classe (elle a eu en revanche le frère d'Emmanuel, Laurent, et sa sœur, Estelle) mais en cours de théâtre. Et est vite subjuguée par sa « forme d'intelligence exceptionnelle, une forme d'esprit que je n'ai jamais rencontrée ». « Je suis toujours stupéfaite », s'extasie-t-elle d'ailleurs. « Il a toujours été comme ça. En français, histoire, géo ; il n'y a qu'en maths : il était très bon mais pas exceptionnel. » Et d'ajouter : « Il retient tout. Il met les choses au bon endroit dans son cerveau. Il y a un ordre[1]. »

Très vite, chez ces deux-là que tout sépare, les jeux de l'amour, et le hasard un peu forcé, tissent des liens plus que littéraires. Et comme souvent chez deux romantiques exaltés, tout commence par des mots. « J'allais chaque vendredi écrire avec elle pendant plusieurs heures une pièce de théâtre. Cela dura des mois. La pièce écrite, nous décidions de la mettre en scène ensemble. Nous nous parlions de tout. L'écriture devint un pré-texte. Et je découvrais que nous nous étions toujours connus[2]. »

---

1. Entretien avec l'auteur, le 10 janvier 2017.
2. Emmanuel Macron, *Révolution*, *op. cit.*

Des années plus tard, encore dans l'élan et l'émoi de cette rencontre extraordinaire, Brigitte confie à l'un de leurs amis : « Tu sais, le jour où on a écrit cette pièce ensemble, j'ai eu l'impression de travailler avec Mozart ! »

Brigitte, âgée alors de trente-neuf ans, tente de résister. Dans un premier temps. Elle est mariée, mère de trois enfants, installée dans une vie bourgeoise et confortable. Du moins matériellement. Mais cela ne fait pas tout. Elle évoque peu André-Louis Auzière, son ex-mari banquier. Par pudeur, discrétion. Parce qu'il y a des choses qu'elle ne veut pas, ne peut pas dire ? En tout cas, ce dernier ne la rendait certainement pas heureuse. Car comment imaginer, sinon, qu'elle ait pris tellement de risques ? Qu'elle se soit laissé emporter par les serments d'un jeune garçon à l'allure romantique tout juste âgé de seize ans ? Un adolescent à la chevelure ébouriffée et au regard candide et pénétrant qui lui promet qu'après son départ à Paris, pour poursuivre ses études, il reviendra la chercher ? « Je reviendrai et vous épouserai », lui dit-il plein de l'assurance de sa jeunesse.

Et il tiendra promesse avec les accents d'un Gilbert Bécaud chantant : « Je reviens te chercher/ Je savais que tu m'attendais/Je savais que l'on ne pourrait/Se passer l'un de l'autre longtemps... »

À l'époque, Emmanuel semble être sur un boulevard tant il réussit avec une aisance déconcertante sa scolarité. À « La Pro », l'adolescent se balade en classe. Les filles ne semblent pas être sa préoccupation première. Ses parents se souviennent juste d'une amoureuse, venue une fois dans la maison familiale, à Amiens. « Elle avait son âge, elle était mignonne, c'était la fille d'un collègue médecin du coin, cela a duré quelques mois », raconte le père d'Emmanuel qui précise qu'il l'a eue, plus tard, comme étudiante en médecine... La mère d'Emmanuel évoque de son côté « un amour de jeunesse avec une jeune fille de sa classe ».

Quelles que soient les circonstances, cette histoire est balayée par la rencontre avec Brigitte. Par l'évident et insatiable besoin d'absolu qu'ils ont tous deux. Les parents – qui pensent un moment que leur fils sort avec la fille de Brigitte, Laurence Auzière, qui est dans la même classe que lui – l'apprennent par hasard. Parce que l'un des copains d'Emmanuel, chez la grand-mère duquel il était censé aller réviser son bac français, près de Chantilly, a téléphoné pour organiser le week-end à venir. Françoise comprend alors que « Manu », qui l'appelle tous les jours pour lui donner des nouvelles et lui raconter ses journées (« On a fait du vélo c'était génial »), n'est pas à Chantilly.

À la fin de la semaine, le père va chercher à la gare son fils censé revenir d'une semaine de révision avec des copains. Le ton monte lorsqu'ils arrivent à la maison. « Moi, ce qui m'importait, ce n'est pas qu'il ait une liaison avec Brigitte, c'est qu'il soit vivant et qu'il n'y ait pas de problème », dit Françoise Noguès-Macron.

Ce n'est pas vraiment la version du père. À l'en croire, c'est surtout son ex-épouse qui était « remontée ». « Moi je m'étais dit, ça lui passera, confie-t-il, pragmatique et persuadé que, dans beaucoup de domaines, la liberté est un élément déterminant. » Et d'ajouter : « Je n'étais pas inquiet mais Emmanuel avait tout de même des études à terminer, ne devait pas tout gâcher. »

Jean-Michel Macron ne le cache pas : il a tout de même été « surpris », est même « un peu tombé de l'armoire » en apprenant leur liaison. La mère reconnaît : « Quand Emmanuel a rencontré Brigitte, c'est sûr on n'a pas fait : "chic alors !" » Elle précise que sa mère, la fameuse Manette, a été, elle, « très conciliante ». Et ajoute : « Ma mère qui n'aurait jamais toléré cette situation pour nous, ses enfants, s'est montrée beaucoup plus ouverte et tolérante, de façon générale, à l'égard des ébats amoureux de ses petits-enfants[1]. »

À l'époque, les parents d'Emmanuel, tout de même un peu secoués, décident de rencontrer Brigitte et de lui demander de ne plus voir leur fils jusqu'à sa majorité. À dire vrai, Jean-Michel Macron n'est pas convaincu que ce soit la bonne solution – « Je pensais même que cela pouvait avoir l'effet inverse » –, mais suite à l'insistance de sa femme, il décrète, dans un rôle qui ne lui sied guère : « Je vous interdis de le voir jusqu'à ses dix-huit ans. » « Je ne peux rien vous promettre », répond alors Brigitte, en larmes, tandis que la mère d'Emmanuel – qui, dit-elle, a compris dès le début que ce ne serait pas une passade – lui lance : « Vous ne vous rendez pas compte, vous avez déjà votre vie, lui il n'aura pas d'enfants ! »

On le voit, ce n'est pas la version amiénoise des Capulet et des Montaigu. Même si, dans une petite

---

1. Entretien avec l'auteur, le 20 janvier 2017.

ville de province comme Amiens, l'histoire entre Brigitte Auzière, respectable professeur de français chez les jésuites, mariée, mère de trois enfants et issue d'une famille, les Trogneux, connue depuis des générations pour ses macarons, fait jaser. L'idylle occupe les conversations à la sortie de la messe ; enfin, pour ceux qui y vont encore. Françoise Noguès-Macron se souvient, ainsi, de la réaction effarée d'une dame qui travaillait à l'accueil de l'hôpital où elle-même avait un poste : « Ah, mais, qu'est ce qui vous arrive ! J'ai bien pensé à vous, c'est terrible ! »… comme si elle avait perdu quelqu'un de sa famille.

En tout cas – et cela tombe bien –, Emmanuel doit partir à Paris faire sa terminale. La décision est-elle motivée ou accélérée par son histoire avec Brigitte ? Les parents y voient-ils un moyen de l'éloigner de son aimée ? Ils affirment que non. Et s'insurgent, l'un et l'autre, contre la version de l'histoire selon laquelle ils auraient « mis dehors » leur fils.

Évidemment, le jeune garçon surdoué qui, épris d'amour, part pour la capitale et arrive, grâce à sa détermination et avec l'aide de sa grand-mère, à s'imposer et à imposer son amour contre le monde entier, voilà qui ne manque pas de panache et forge une légende, façonne un personnage romantique. Mais la réalité est plus complexe, même si Emmanuel Macron a évidemment dû batailler pour imposer son choix – comme pour se présenter à la présidentielle : « Oui, je me suis battu pour vivre ma vie privée et professionnelle. Je me suis battu, et ce n'était ni le plus facile, ni le plus évident, ni le plus automatique, ni ne correspondait aux représentations établies », s'enflamme-t-il ainsi[1].

Quand on lui demande s'il a été mis à la porte de chez lui, Emmanuel Macron assure que non, mais tient à rappeler qu'au début ses parents « l'ont quand même mal pris ». « Il a fallu la force de conviction… ils ont plusieurs fois pensé que ça allait s'arrêter. Et ont tout fait pour. D'une manière normale d'ailleurs. Je ne sais pas moi-même comment j'aurais réagi. » Visiblement encore à vif quand il évoque cette période douloureuse, il poursuit : « C'est très dur, ça vous rend moins idiot de vivre ça. Il y avait les contraintes familiales de part et d'autre. Il y avait la vie sociale, le fait de devoir faire ses études et commencer à travailler. Ne pas avoir le même cycle de vie, c'est très dur. Tout ça, il faut vous battre pour accepter des choses, porter des contraintes et avoir une vie qui ne correspond en rien à celle qu'ont les autres. » Une pause et il ajoute : « C'est ce qu'on a vécu pendant quinze ans. La situation d'aujourd'hui, nous l'avons conquise parce qu'on l'a voulu. Elle ne s'est pas construite du jour au lendemain. »

À entendre l'ancien ministre, ces quinze ans lui ont semblé une éternité. Une éternité à vivre en marge. Pas comme des parias, mais dans un monde parallèle. Quinze ans à veiller « aux équilibres familiaux qui préexistaient », à tenter de s'imposer « par rapport aux représentations collectives, aux logiques qui étaient celles du travail de la représentation. Cela suppose qu'à aucun moment on ne veut vivre dans le regard des autres.

1. Entretien avec l'auteur, le 28 février 2017.

Parce que vous passez des années à être largement incompris, parfois par votre entourage, à coup sûr par les gens qui ne vous connaissent pas trop mais vous regardent[1] ».

Voilà, le propos est sorti d'un trait, comme une colère rentrée. Comme une manière, aussi, d'expliquer pourquoi Brigitte est sa part non négociable. Une manière de sous-entendre que s'il est parvenu à traverser cette épreuve-là, à imposer si jeune ses choix, à se moquer des regards de travers et des réflexions désobligeantes, parce que, comme le chantait Reggiani, « la femme qui est dans mon lit n'a plus vingt ans depuis longtemps », il peut bien, aussi, conquérir la France… Au passage, on se rend compte que cette aventure amoureuse lui a fait chausser des bottes de sept lieues : il est passé directement de l'enfance à l'âge adulte, sans vraiment vivre son adolescence. C'est peut-être pour cela, sourit-il, « que je n'ai jamais rien compris aux "ados". J'ai longtemps été enfant et je suis devenu adulte. Cette espèce d'âge incertain, je n'ai pas voulu le vivre ». Et de reconnaître, aujourd'hui, que le fait que ses parents aient finalement accepté le couple qu'il formait avec Brigitte a été, aussi, une « preuve d'amour ».

Selon Jean-Michel Macron, qui a toujours eu le projet de voir ses enfants suivre leurs études à Paris, c'est Emmanuel qui a voulu faire sa terminale dans la capitale : « C'est lui qui l'a souhaité », dit-il. Encouragé par Brigitte. Le père poursuit : « On en avait parlé depuis longtemps, c'était un projet de longue date. Emmanuel avait un bon niveau. L'idée était d'intégrer des classes de prépa.

---

1. Entretien avec l'auteur, le 28 février 2017.

Nous voulions qu'il soit – tout comme son frère, qui a été admis à Maths sup à Henri-IV, et sa sœur – dans les meilleures conditions pour faire le plus de choses possible. » Sa mère renchérit : « À La Providence, il n'y avait aucune émulation pour lui. Il ne se frottait à rien. Nous étions tous les deux médecins, la tête dans le guidon, mais on avait pensé, dès la seconde, le scolariser à Paris. Cette décision n'a pas été liée à sa relation avec Brigitte. » Un discours classique de parents soucieux de l'avenir de leur progéniture.

À la fin de la seconde, les professeurs montent donc un dossier pour qu'Emmanuel Macron puisse intégrer Henri-IV. Il entre dans le prestigieux lycée parisien en terminale. Les parents se rendent alors à Paris afin de lui trouver un logement. Ce sera une petite chambre de bonne située tout près du lycée Henri-IV, rue Pierre-et-Marie-Curie, qui appartenait à des personnes habitant dans l'immeuble. Il y logera un an avant que ses parents n'acquièrent un petit appartement, rue de la Santé, près de la prison, où habiteront également son frère et sa sœur.

En attendant, ce premier domicile parisien n'a rien de luxueux : les toilettes sont sur le palier, le lavabo au-dessus du réchaud pour faire la cuisine. Au début, Emmanuel est demi-pensionnaire à Henri-IV, puis il préfère arrêter. Le jeune homme n'est pas vraiment laissé à lui-même mais encadré, comme tant et tant d'étudiants provinciaux qui « montent » à la capitale, par ses parents qui l'entretiennent financièrement. « On n'a jamais coupé les ponts », insiste sa mère, qui cuisinait des petits plats en barquette qu'elle laissait dans son réfrigérateur et s'occupait de son linge quand il rentrait tous les week-ends à Amiens. « On ne l'a pas mis dehors ! » renchérit le père.

Pour autant, les premiers mois ne sont pas faciles. Loin de là. En plus du déracinement, lui qui a toujours été le premier se retrouve d'un coup face à des élèves ayant un meilleur niveau. Le « Wunderkind » perd de sa superbe. Il rencontre pour la première fois l'adversité, n'est plus le meilleur, celui qu'on adule, qu'on jalouse, qu'on veut imiter.

« Ça a été très dur, il s'est retrouvé à 11-12 de moyenne, mais, à Noël, il avait comblé son retard », assure sa mère. S'il voit probablement de temps en temps Brigitte en cachette (elle est toujours professeur à Amiens et mariée, à l'époque), c'est une période vraisemblablement difficile. Aussi sociable soit-il, le jeune garçon n'a plus ses repères. Il se retrouve loin de son domicile, de sa grand-mère adorée, dans une ville qu'il connaît peu et au sein d'un milieu parisien hyper-privilégié et concurrentiel.

Et même s'il écrit dans son livre que cette transhumance « était la plus belle des aventures », même s'il la pare des atours romanesques de tous les héros ambitieux qui l'ont précédé (« Je venais habiter des lieux qui n'existaient que dans les romans ; j'empruntais les chemins des personnages de Flaubert, Hugo ; j'étais porté par l'ambition dévorante des jeunes loups de Balzac »), il est probable que l'exaltation romantique n'était sans doute pas au rendez-vous de chaque instant.

Comme le souligne l'un de ses amis, il faut avoir à l'esprit qu'Henri-IV ce n'est pas Louis-le-Grand mais un lycée de quartier où il y a très peu de provinciaux et beaucoup d'enfants ayant toujours vécu rive gauche. De parfaits représentants de la reproduction des élites chère à Bourdieu. Le royaume de l'entre-soi, on n'y pénètre pas aisément. Certes, Emmanuel n'est pas fils d'ouvrier, mais il doit se fondre dans un milieu qu'il ne connaît pas, dont il ignore les codes et rites plus ou moins visibles. C'est évident, ces quelques mois, comme ceux qui ont précédé son départ vers Paris, représentent une épreuve ; ce qui le fait tenir, c'est son amour pour Brigitte, cette obsession, l'idée fixe qu'il a, déjà, de « vivre la vie qu'il a choisie avec celle qu'il aime ».

À dix-huit ans, désormais inscrit en prépa, alors que son histoire avec Brigitte se renforce sans cesse et qu'il n'est pas un jour sans qu'ils se parlent, il n'a pas changé d'avis. Et déclare à sa mère : « Maman, j'aime toujours Brigitte. Si vous comprenez, tant mieux, sinon je l'entretiendrai. »

Convaincue qu'« il ira jusqu'au bout », Françoise Noguès-Macron n'essaie même pas, assure-t-elle, de le faire changer d'avis : « Si j'ai pensé à le dissuader – dissuader Emmanuel, non, ce n'est pas possible. C'est un garçon déterminé et j'ai tout de suite su que cette relation serait sérieuse. On lui a dit : "Réfléchis, elle a déjà trois enfants." »

Quand a débuté exactement l'histoire d'amour ? Quand la complicité intellectuelle et intime s'est-elle muée en autre chose ? Difficile à dire, l'un et l'autre se refusent à donner la moindre indication datée. « Personne ne saura jamais à quel moment notre histoire s'est transformée en histoire d'amour, ça nous appartient, c'est notre secret », assure Brigitte[1]. Qui reconnaît tout de même que c'est alors qu'il est à l'ENA, parti en stage au Nigeria, qu'elle lui offre la bague trois anneaux qu'Emmanuel Macron porte à la main droite (elle la porte également), bijou qui a tant fait jaser. Leur bague de fiançailles. « Je la lui ai offerte quand il est parti au Nigeria, c'est la première fois que nous étions séparés aussi longtemps ; six mois. »

Le temps aidant, les relations s'améliorent et, en 2000, Françoise Noguès-Macron part en vacances avec Emmanuel, Brigitte et sa fille, qui a le même âge qu'Estelle, la sœur d'Emmanuel.

Sept ans plus tard, elle assistera – tout comme son mari et Manette – au mariage d'Emmanuel et Brigitte au Touquet, dans le fief familial des Trogneux. Un mariage de province qui se tient à l'hôtel Westminster, juste en face de leur maison, en présence de Michel Rocard et de son épouse, de copains de l'ENA comme Gaspard Gantzer, Mathias Vicherat ou Sébastien Veil. Avec comme témoins, pour Emmanuel, Marc Ferracci, son ami de Sciences-Po, et Henry Hermand, son « bienfaiteur » et parrain parisien.

« Nous étions très contents. C'est eux qui ont tout organisé. Moi j'ai choisi les musiques, et la *Marche de Radetzky* sur laquelle ils sont entrés », raconte la mère d'Emmanuel.

Ce jour-là, Emmanuel Macron remercie, comme on le voit sur une vidéo retrouvée par Pierre Hurel (dans un documentaire consacré à l'ancien ministre de l'Économie, *La Stratégie*

---

1. Entretien avec l'auteur, le 17 février 2017.

du météore), ceux qui ont permis à leur couple d'exister. « Chacune et chacun d'entre vous a été le témoin, au cours de ces treize dernières années, de ce que nous avons vécu. Et vous l'avez accepté et vous avez fait ce que nous sommes aujourd'hui. C'est-à-dire quelque chose de pas tout à fait commun, un couple pas tout à fait normal – même si je n'aime pas cet adjectif –, mais un couple qui existe et ça, c'est grâce à vous. »

Pas « tout à fait normal », singulier, en effet, mais moins par la différence d'âge qui les sépare que parce que tout laisse à penser que Brigitte est la seule femme qu'Emmanuel ait vraiment aimée. La seule, l'unique. Celle aussi qui, jusqu'alors, l'a fait renoncer au fait d'avoir lui-même des enfants.

Le temps a passé et a permis en tout cas de panser les plaies et de réduire les bosses. Même la mère d'Emmanuel, qui a vécu comme une souffrance le choix de son fils d'élever des enfants et des petits-enfants qui ne sont pas les siens, est désormais apaisée. Elle a baissé les armes devant l'évidence de cet amour. « Avec Brigitte, c'est l'adoration, raconte-t-elle. Je me souviens que, quand il faisait l'ENA, je voyais des lettres de jeunes filles qui traînaient et n'étaient même pas ouvertes. On pourrait déshabiller Laetitia Casta devant lui que cela ne lui ferait rien. Car entre Emmanuel et Brigitte, c'est un amour complètement fusionnel. » Et d'ajouter drôlement : « Brigitte est une amie pour moi, pas une belle-fille. »

4

Brigitte, l'unique

Elle est apparue dans les gazettes progressivement. Sur la pointe des pieds d'abord. À l'occasion de photos « volées » du couple en week-end au Touquet, main dans la main, publiées par *VSD*. Lui en jean, portant étrangement deux chemises superposées, elle en minijupe et tennis compensées. Puis, officiellement, et en faisant la une de *Paris Match*, lors d'un dîner d'État à l'Élysée où, désormais, toute de Louis Vuitton vêtue, en robe de dentelle blanche au-dessus du genou et manteau beige, Brigitte Macron est arrivée au bras de son mari sur les marches du palais présidentiel. Sourire radieux, l'un et l'autre. Main dans la main. Installant, l'air de rien, en filigrane, l'image putative d'un nouveau couple, si ce n'est encore présidentiel, au moins médiatique. Recourant aussi – étrange paradoxe pour un homme aimant à se définir comme moderne – à un mode de communication traditionnel, pour ne pas dire éculé, celui de ses aînés en politique. Celui qu'affectionnait Nicolas Sarkozy, que choisira aussi François Fillon, en pleine tourmente du Penelope Gate, s'adressant à cette France conservatrice encore attachée à la famille, au couple et aux valeurs traditionnelles.

En tout cas, très vite, les médias se sont précipités sur ce nouveau personnage venant enrichir le casting politique des « femmes ou compagnes de », dramatiquement en jachère depuis le départ de Valérie Trierweiler et le rôle de compagne invisible de Julie Gayet. Dans la foulée, les gazettes people se sont penchées sur ce couple singulier qui a commencé à occuper les conversations des dîners parisiens quand ils n'en faisaient pas partie. Avec, toujours à la clé, une interrogation, une incompréhension même, sur leur différence d'âge. Des questionnements à la pelle sur cette femme à la fois si moderne et traditionnelle, transgressive et classique. Un véritable personnage de roman à n'en pas douter.

Une femme entière, bien moins lisse et conventionnelle que son image de bourgeoise rangée, professeur de français à Franklin (lycée Saint-Louis-de-Gonzague), ne le laisse penser. Bien plus fracassée et pleine de failles que son éternel sourire et sa bonne humeur apparemment inamovible ne le laissent croire. À côté d'Emmanuel depuis qu'il a seize ans, compagne de son ascension, de ses peines, capable d'affronter une famille, de convaincre ses enfants de l'évidence de son amour, de surmonter les on-dit, les regards de travers, la réprobation d'une ville de province avant de tout quitter, tout plaquer – un mari, banquier, et trois enfants – par amour... Pas de doute, la détermination et le courage n'ont pas été du seul côté d'Emmanuel Macron, qui le reconnaît d'ailleurs volontiers quand il écrit, dans *Révolution :* « Le vrai courage ce fut le sien. La détermination généreuse et patiente ce fut la sienne. Elle avait alors trois enfants et un mari.

De mon côté, j'étais élève et rien de plus. Elle ne m'a pas aimé pour ce que j'avais. Pour une situation. Pour le confort ou la sécurité de ce que j'apportais. Elle a renoncé à tout cela pour moi. Mais elle l'a fait avec un souci constant de ses enfants. En n'imposant jamais rien, mais en faisant comprendre, avec douceur, que l'impensable pouvait s'imposer. »

Étonnamment, dans une France pourtant habituée, à travers les journaux féminins et les réseaux sociaux, aux cougars *made in Hollywood*, c'est cet « impensable », cette différence d'âge qui interrogea. Preuve que la société française, qui ne s'étonne même plus de voir telle ou telle célébrité du sexe masculin s'afficher avec une créature bien plus jeune, est encore assez conservatrice en la matière.

Emmanuel Macron s'en offusque le premier : « Cette singularité ne serait pas relevée si la différence d'âge était inversée. Elle en dit beaucoup sur la misogynie persistante et explique en partie les rumeurs. Les gens ne peuvent pas accepter quelque chose de sincère, d'unique. C'est sans doute ça. Je le savais dès le début. Vous parliez de destin… Quand j'ai décidé je le savais. Ça avait la force d'une évidence[1]. » Il savait donc que Brigitte – qu'il cite, après Paul Ricœur et Michel Rocard, lorsqu'on lui demande qui l'a vraiment impressionné dans la vie (« Elle m'a impressionné par sa détermination, c'est elle la vraie transgressive ») –, Brigitte, pour qui il a décidé de renoncer à la paternité, serait son élue. Et la seule. Et

---

1. Entretien avec l'auteur, le 28 février 2017.

la singularité est bien plus là que dans « cet âge qui fait beaucoup à l'affaire », comme l'écrivait Luc Le Vaillant dans une chronique de *Libération*[1], relevant : « Au crépuscule, ils [les hommes] échangent notoriété avérée, talent établi et puissance vacillante contre une plastique énergisante et une fécondité féroce. Il n'y a aucune raison que les femmes de leur âge ne puissent, elles aussi, croquer du minet. »

« Croquer du minet » : à dire vrai, tel n'est pas vraiment l'objectif de Brigitte Macron, qui se retrouve cependant *de facto* comme une espèce de porte-drapeau, de figure de proue vengeant toutes les femmes mûres de France et de Navarre délaissées par leur mari ou compagnon pour des jeunettes. « Brigitte Macron est perçue comme une pionnière de la réponse de la bergère au berger », écrivait encore Le Vaillant. Soit.

Mais, dans le même temps, la dame, qui, finalement, s'inscrit dans les pas d'une Diane de Poitiers préceptrice et grand amour d'Henri II, faisant fi de leurs vingt ans d'écart, ou d'une Joséphine s'évertuant à cacher les huit ans qui la séparaient de Napoléon Bonaparte, se place dans un rôle public assez traditionnel de faire-valoir de son homme, en pâmoison devant ses extraordinaires qualités. Une femme prête à sacrifier son métier de professeur qu'elle adorait pour rester à son côté. Une femme qui est là pour le conseiller, le réconforter, l'accompagner. Comme écrit encore Le Vaillant : « Elle a beau savoir lui dire son fait et pouvoir

---

1. 12 septembre 2016, « Brigitte Macron : l'âge fait beaucoup à l'affaire ».

lui en remontrer intellectuellement, c'est lui qui est sur le pavois et elle, dans l'accompagnement. Le temps n'est pas encore venu de Brigitte M., candidate à l'Élysée, avec son jeune paltoquet en secrétaire de séance. »

Toutes ces considérations sur la différence d'âge – soulignées avec plus ou moins de finesse, après l'élection d'Emmanuel Macron, par la presse étrangère – agacent Brigitte Macron. Scrutée à travers la loupe grossissante et déformante de la presse, elle est étonnée que l'on s'étonne. Ne se cache pas pour le dire : « Ceux qui le soulignent n'ont rien compris à qui on était[1] », lâche-t-elle.

La voix est chaleureuse. Brigitte Macron est tout de suite dans la confidence. Dans l'empathie. Sans filtre apparent. Sans méfiance. Cash. Un peu naïve peut-être. Quoique peut-être pas tant que cela… Quand elle parle de son homme, on devine les étoiles dans les yeux, on entend les étincelles dans la voix. À l'entendre, il est unique. Différent. Un OVNI. Un extraterrestre. Il n'a pas quarante ans et elle en a soixante-trois ? Qu'importe. En fait, elle a toujours vingt ans. Et lui aussi. Patiemment, répondant aux questions tout en tentant de préserver une part d'intime, de protéger ce qui peut échapper à la curiosité inquisitrice des journalistes, du Moloch médiatique – qu'elle n'hésite pas à nourrir quand il le faut –, elle fait déjà le job. Bon petit soldat. Femme de ministre puis femme de candidat avant, qui sait…

Leur rencontre, on l'a vu, a été une évidence. Une obligation. Le destin. Beau comme de l'antique.

---

1. Entretien avec l'auteur, le 10 janvier 2017.

On s'imaginait un film. Flaubert au XXe siècle. Une histoire déchirante dans l'univers étouffant et feutré de la bourgeoisie d'Amiens. On imaginait des cris, des pleurs. De la souffrance, des déchirements, des choix de vie. Des médisances aussi. Il y en eut, bien sûr, mais elle ne l'a pas vécu ainsi. Ou en tout cas semble vouloir l'occulter. Volontariste du bonheur, optimiste acharnée, joyeuse aussi – un trait assez rare chez les Parisiennes pour le relever.

À l'écouter, elle n'a rien entendu des murmures derrière son dos, réprobateurs sûrement, accusateurs peut-être. Moqueurs parfois aussi. Ils ont glissé sur elle. Elle avait d'autres préoccupations que les on-dit. Ses parents, qui étaient malades tous deux. Ses enfants, surtout, sa principale préoccupation. « Je ne voulais pas qu'il y ait de dommages collatéraux. L'essentiel, c'était les enfants. De ne pas faire de mal à mes parents et à mes enfants. J'étais préoccupée par des choses plus essentielles que d'écouter les ragots de province. De toute façon, je suis ouverte mais les gens n'osaient pas me dire quoi que ce soit », explique-t-elle.

Les gens, non, mais ses frères et sœurs, et notamment son frère aîné (qui a vingt ans de plus qu'elle ?), oui. C'est que les Trogneux, à Amiens, ce n'est pas rien. Une famille picarde, catholique, plutôt de droite. Des chocolatiers de père en fils, « depuis cinq générations », comme il est écrit au fronton des magasins d'Amiens mais aussi d'Arras, Lille, Saint-Quentin. Une famille discrète et influente qui, dans les années 1990, comme l'écrit Marc Endeweld dans *L'Ambigu Monsieur*

Macron[1], fut l'un des principaux soutiens du maire Gilles de Robien.

Alors évidemment, chez les Trogneux, cette histoire d'amour qui vient troubler l'ordonnancement immuable d'une vie tranquille, ça coince. « C'est vrai, mes frères et sœurs y sont allés ! En invoquant notamment la morale ! En assurant que ce n'était pas moral ! » Aujourd'hui encore, Brigitte Macron assure qu'elle ne voit pas où est la transgression, joue l'étonnement : « Moi, transgressive ? C'était transgressif parce que c'est Emmanuel mais pas à cause de notre différence d'âge ! » Et d'ajouter : « J'ai toujours vu Emmanuel comme un contemporain. Jamais je ne serais partie avec un homme plus jeune que moi ! D'ailleurs, dit-elle sans rire, quand je vois aujourd'hui d'autres hommes de son âge, de trente-quarante ans, je me dis que jamais je ne pourrais ! Notre histoire s'explique par ce qu'il est, pas par son âge. Emmanuel, c'est une forme d'intelligence rare, alliée à une humanité exceptionnelle. Une force qui va. »

À entendre Brigitte Macron, encore subjuguée par son mari vingt ans plus tard, leur différence d'âge serait donc un détail. Une donnée presque anecdotique. Pas l'essentiel. Une singularité qu'on lui a soulignée avec crudité depuis que leur couple se retrouve dans la lumière mais qui ne lui avait pas sauté aux yeux. Une cougar ? Non, vraiment elle ne se vit pas du tout ainsi. « Pour moi, on est un couple normal. Je ne vois pas l'exception. On a besoin l'un de l'autre. Cela fait tellement longtemps qu'on est ensemble. »

---

1. Flammarion, 2015.

Elle n'a pas tort. Les médias, en braquant leurs projecteurs aveuglants sur cette différence d'âge – mais en ne mentionnant pas le choix qu'a fait Emmanuel Macron de ne pas avoir d'enfants avec sa femme –, ont occulté l'essentiel : la singularité de ce couple ne tient pas aux vingt-quatre ans qui les séparent, mais au fait que Brigitte est la femme de sa vie ! La première, la seule, l'unique… À la fois femme, mère et grand-mère qui jongle au téléphone entre les histoires que son petit-fils lui réclame – « Attends deux secondes, laisse mamie terminer », « Oui, je vais te raconter le homard et la langouste » – et les questions qu'un journaliste lui pose.

Un couple normal ? Oui et non, donc.

C'est vrai, en épousant Brigitte en 2007, Emmanuel Macron a épousé dans le même temps un mode de vie bourgeois, cadré. Calé sur son emploi du temps au cordeau, sur ses heures de travail. Rythmé par les week-ends en famille au Touquet, dans la maison familiale des Trogneux devenue la leur, au cœur d'une petite ville où les familles aisées du Nord viennent prendre le grand air en bord de mer. Sans ostentation, discrètement.

Au passage, Emmanuel Macron a adopté une famille toute faite. Rétive au début puis qu'il a su dompter, apprivoiser. Petit à petit. Une famille où les petits-enfants de Brigitte (elle en a sept) ont l'âge des enfants qu'Emmanuel pourrait avoir. Et l'appellent « daddy »…

Un grand patron s'amuse de s'être rendu compte combien il s'était trouvé idiot en annonçant fièrement à Emmanuel Macron qu'il était grand-père : « En lui disant, j'ai réalisé qu'il l'était lui-même, par procuration, depuis ses trente-cinq ans ! » Une particularité qui explique sa relation au temps singulière, « sa capacité à se prolonger dans le temps linéaire. Il remet en perspective tout ce qu'il fait[1] », relève Thierry Breton, le P.-D.G. d'Atos.

Ceux qui côtoient les Macron depuis longtemps en conviennent tous : ces deux-là forment un couple fusionnel. Qui échange sans cesse gestes tendres et regards complices. Pas de doute, ils se comprennent. Ont besoin l'un de l'autre. Sont unis par quelque chose de particulier, une manière de voir la vie en surplomb.

Il a besoin d'elle car elle est son « point fixe », comme disait Bernadette Chirac en évoquant son rôle au côté de Jacques Chirac. Mais un point fixe qui lui apporte de la légèreté, de la joie et aussi une efficacité redoutable pour se faufiler dans la jungle sociale. Pour l'aider à repérer Untel ou Untel qu'il serait intéressant qu'il rencontre. Pour « débriefer », avec lui, après une réunion.

« Elle contribue, analyse Serge Weinberg, à lui donner de l'assurance. Elle-même est très gaie, joyeuse, optimiste[2]. » « Elle compte énormément dans sa vie. Énormément. C'est une forme de référence psychologique[3] », complète David de Rothschild qui a eu l'occasion de dîner avec le couple. Brigitte est, en effet, pour Emmanuel Macron une sorte de réassurance permanente à domicile. Il sait qu'il trouvera chez elle, comme il trouvait chez sa grand-mère, l'encouragement, le reflet admiratif

1. Entretien avec l'auteur, le 1er février 2017.
2. Entretien avec l'auteur, le 9 janvier 2017.
3. Entretien avec l'auteur, le 24 janvier 2017.

mais aussi une forme d'exigence. Elle est sa principale interlocutrice. Mais aussi son émancipatrice et son accompagnatrice depuis qu'il a seize ans. Elle a été à son côté tant dans son ascension scolaire que professionnelle et amoureuse. Elle serait même, selon certains, celle pour qui il a choisi, après Sciences-Po, de faire l'ENA. À un ami qui le questionnait sur ce choix étonnant pour un littéraire, Emmanuel Macron a répondu récemment : « Mais c'est une histoire d'amour ! J'avais dix-huit ans, je suis tombé amoureux d'une femme professeur dans mon lycée. J'étais fou amoureux d'elle. Je la voulais, je l'ai eue. C'est ma femme et je l'aime. »

Peut-être parce qu'il juge lui aussi que leur couple est normal, Emmanuel Macron n'a, en tout cas, jamais cru nécessaire de donner quelque explication que ce soit à ses amis. Quand il était à l'ENA, à Strasbourg, où les journées étaient plutôt longuettes, « il n'a jamais couru le jupon. Il avait une femme qui avait des enfants ; pour nous c'était une étrangeté, mais il a réussi à faire en sorte que son couple nous soit toujours apparu très naturel. On n'a jamais senti ni une gêne, ni une incongruité. C'était sous le sceau de l'évidence. Il y a quelque chose de vrai[1] », assure Mathias Vicherat, ami de l'ENA, membre de la fameuse promotion Léopold Sédar Senghor, qui était à leur mariage. De même, Jean-Pierre Jouyet se souvient que, lorsque Emmanuel Macron lui a annoncé, alors qu'il était encore à l'Inspection des finances, qu'il allait se marier avec « une femme qui avait des enfants, et des petits-enfants », il

1. Entretien avec l'auteur, le 30 décembre 2016.

lui a dit « très naturellement ». Comme si cela allait de soi[1].

De toute façon, rares sont ceux qui s'aventurent à questionner Emmanuel Macron sur sa vie privée. Car sous une apparente cordialité et accessibilité, il sait très bien se protéger.

Étonnante, Brigitte Macron. Parce qu'elle a des allures classiques, parce qu'elle a enseigné dans une école catholique et semble quelque peu grisée par la vie qu'elle mène, ce tourbillon de stars et de people qu'elle semble goûter avec une espèce de fraîcheur, voire de naïveté, une gaieté toute juvénile, certains la cataloguent un peu vite en super assistante, en « femme de médecin de province » recyclée, comme tacle un patron qui les connaît.

Or elle vaut mieux que ça. Elle n'existe pas, malgré les déclarations enamourées qu'elle ne cesse de lui faire, qu'à travers son mari. Elle a eu une vie avant lui. Elle n'aime pas trop en parler, « parce que c'est fini, c'est une autre vie[2] », mais aussi par respect pour son ex-mari parce que cela peut être déplaisant pour les victimes collatérales. Manière pudique de ne pas évoquer les inévitables souffrances et déchirures qu'entraîne toujours une séparation. Encore plus quand celle-ci peut apparaître scandaleuse aux bien-pensants.

Elle a en effet été mariée (en 1974, la même année que les parents d'Emmanuel) à André-Louis Auzière, directeur de la Banque française du commerce extérieur (BFCE), à Strasbourg, de 1984 à 1991, puis à Amiens. Elle a vécu à Paris,

---

1. Entretien avec l'auteur, le 26 janvier 2017.
2. Entretien avec l'auteur, le 17 février 2017.

à Strasbourg et à Amiens, a eu trois enfants, a passé une maîtrise de lettres, a été un temps – de 1982 à 1984 – attachée de presse à la chambre régionale et à la chambre de commerce du Nord-Pas-de-Calais.

Un métier intéressant mais qui ne lui convenait pas. Elle est venue à l'enseignement un peu par hasard. Parce qu'une maman à qui elle a confié qu'elle travaillerait bien, à la suite de la naissance de sa fille Tiphaine, lui a glissé, à la sortie de l'école, à Strasbourg, qu'ils manquaient de profs à la direction diocésaine. Brigitte Auzière tente donc sa chance. Si cela n'avait pas marché elle aurait probablement, dit-elle aujourd'hui, « monté sa boîte ». Parce qu'elle n'aime pas avoir quelqu'un au-dessus d'elle : « Je n'avais pas envie de patron. »

Elle n'aura pas à le faire puisqu'elle commence à enseigner à Strasbourg, dans un lycée protestant, chez les diocésaines. « Emballée » par l'expérience, elle ne quittera plus cette voie. Une vraie passion. « Un éblouissement même », dira-t-elle à *VSD*.

« Je pense que j'étais vraiment faite pour être professeur. Je ne suis jamais aussi bien que dans une salle de cours. Et les élèves me le rendent bien. Si les profs étaient mieux payés, on pourrait vraiment dire que c'est le plus beau métier du monde[1] ! » Elle arrive à Amiens en 1991, où son mari a été affecté, et se retrouve alors tout naturellement, avec son CAPES de lettres, professeur de français et de latin au collège de La Providence. Où elle rencontrera Emmanuel. Puis à Saint-Louis-de-Gonzague, le très chic et élitiste

---

1. Entretien avec l'auteur, le 17 février 2017.

établissement de jésuites du 16ᵉ arrondissement où sont passées des générations et des générations de futurs patrons et politiques, et dont la mère de Bruno Le Maire a longtemps été la directrice. Une école où BAM (Brigitte Auzière Macron), comme on la surnommait, prendra en charge les enfants de personnalités qui deviendront des amis, tels François Sureau ou Jean-Pierre Jouyet… Elle y fera aussi venir Erik Orsenna pour débattre avec son mari, mais aussi Fabrice Luchini.

Attirée par ce qui brille, Brigitte Macron ? Ce serait trop simple. Peut-être plutôt par ce qui vit. Crépite. Tous les élèves qui l'ont eue en cours le confirment : BAM, « super prof », pouvait réussir l'exploit de faire rester les élèves en classe après la sonnerie marquant la fin des cours. Elle les faisait aussi réviser par petits groupes et se souciait du sort de tel ou tel si elle le sentait en détresse ou traversant une période difficile.

Derrière la façade blonde et classique, celle qui fut la petite dernière d'une famille de six enfants, est, en fait, un personnage plus complexe qu'il n'y paraît. Derrière le sourire de façade, éclaboussant, derrière la femme apparemment un peu grisée d'assister au premier rang au défilé Dior ou de pouvoir, depuis qu'elle a connu Delphine Arnault et Xavier Niel, s'habiller de pied en cap en Vuitton avec parfois des monogrammes un peu trop voyants se cache une personnalité qui a des fêlures. Une femme qui, « derrière l'entrain décidé », cache « un continent sensible auquel seuls les fragiles ont accès et où ils peuvent se retrouver », comme l'écrit son mari dans *Révolution*. Quelqu'un qui cite Maupassant parmi ses auteurs favoris parce que, confie-t-elle à l'écrivain

Philippe Besson, ayant « perdu beaucoup de gens, très jeune [...] il voit la mort partout et moi aussi ». Absolue, Brigitte Macron, passionnée, elle cite aussi, parmi ses personnages préférés dans la littérature, Dom Juan... et prend des accents exaltés lorsqu'on évoque la cause des femmes et des enfants. Comme si des drames qu'elle tait l'avaient touchée de près. Ainsi assure-t-elle ne pas accepter, et même « être terrifiée, par ce qu'on peut faire aux femmes et aux enfants ». « Je ne le supporte pas. Je suis submergée par l'émotion. Dès que l'on fait du mal à des enfants c'est pour moi viscéralement insupportable. » Quand elle dit cela, on sent cette professeur ébranlée par le sort de certains adolescents en détresse qu'elle écoutait en dehors des heures de cours, bouleversée elle aussi. Comme si des images lui revenaient à l'esprit. C'est notamment pour cette raison que Brigitte Macron – qui voit dans le port du voile un signe d'oppression de l'homme sur la femme – est opposée, contrairement à son mari, au port du voile à l'université. « Emmanuel est un homme de consensus, moi je ne supporte pas dès que l'on fait du mal aux femmes, aux enfants. Je ne le supporte pas. »[1]

Un drôle de personnage décidément. Une femme à la fois très engoncée dans des principes un peu bourgeois, des conventions pesantes, et dans le même temps capable de se jeter dans le vide. Avec Emmanuel, résume un proche, « elle a quand même pris l'avion pour sauter en parachute. Et sans les bretelles. Elle a épousé un destin

1. Entretien avec l'auteur, le 10 janvier 2017.

et une vie hors du commun ». Elle a aussi, comme le relève Mathias Vicherat, « un côté balzacien. Elle voit tout ça comme une espèce de farce, une énorme comédie »[1].

Elle conjugue étonnamment un certain conformisme social et une espèce d'impertinence et de liberté de pensée, un goût pour bousculer les situations, jouer les poils à gratter. Tout en s'intéressant aux autres, empathique elle aussi. Comme son mari.

Souvenirs de son éducation religieuse ? Pas vraiment. Venant d'une famille catholique et pratiquante, après avoir été quinze ans élève au Sacré-Cœur, elle reconnaît avoir eu « une éducation scolaire et religieuse serrée » qui l'a visiblement quelque peu oppressée. « Moi, quand j'étais jeune fille, j'avais deux billets de confessions par semaine et la journée commençait par une messe[2]. » Rebelle, effrontée, elle se souvient qu'elle était collée tout le temps, notamment par la tante du chanteur Hugues Aufray, qui lui assénait : « Brigitte, vous êtes une petite impertinente. » « Je ne rentrais jamais dans le rang », s'amuse-t-elle en se souvenant que sa grand-mère maternelle, qui habitait à la maison, lui passait tout. Car elle est jolie, sexy, la jeune Brigitte Trogneux, « elle aime danser dans les surprises-parties de l'époque, elle porte des minijupes moulantes et, entre deux whisky-Coca et rocks endiablés, ose flirter derrière les tentures », relate Caroline Pigozzi dans *Paris Match*[3].

---

1. Entretien avec l'auteur, le 30 décembre 2016.
2. Entretien avec l'auteur, le 10 janvier 2017.
3. 14 avril 2016.

Elle se marie cependant jeune, à vingt ans, en 1974, avec, confie-t-elle à Philippe Besson dans *VSD*, « un puissant désir de maternité » qu'elle réalisera en mettant au monde trois enfants : Sébastien, aujourd'hui ingénieur, Laurence, cardiologue, et Tiphaine, la petite dernière, avocate et engagée pour son beau-père dans En Marche !

Quelle est exactement son influence auprès d'Emmanuel Macron ? L'a-t-elle vraiment poussé à s'engager en politique et à se présenter à la présidentielle, manière d'assouvir une ambition par procuration ?

En réalité, cela semble plutôt être le contraire. Plusieurs fois, au cours de nos entretiens, elle a évoqué avec effroi la violence du monde politique, s'est montrée révulsée par ces mœurs brutales, choquée par le sort fait à Pénélope Fillon, par le lynchage médiatique du candidat de la droite et de son épouse. « Ce qui lui arrive, c'est l'hallali. Je ne la connais pas, mais je suis en empathie totale avec elle. Je la voyais au meeting dimanche… c'est impossible. Je me disais : "Comment fait-elle ?" – Je me retirerais du monde ; comme le Misanthrope… La vindicte populaire, cet acharnement, c'est détestable[1]. »

À dire vrai, il semblerait qu'elle ait suivi, puis décidé d'accompagner Emmanuel Macron dans son ambition politique, plutôt que de l'y avoir poussé. Grégoire Chertok, associé gérant chez Rothschild, devenu un ami du couple, se rappelle qu'à l'époque où la question s'est posée « Brigitte ne voulait pas qu'il entre en politique.

---

1. Entretien avec l'auteur, le 31 janvier 2017.

Je me souviens de conversations avec eux quand il avait quitté la banque[1] ». Emmanuel Macron confirme : « Brigitte n'a pas souhaité mon engagement politique. Elle l'accompagne par amour, mais ne l'a pas du tout voulu. Elle voulait que j'écrive ou aurait souhaité que je reste dans la banque d'affaires[2]. »

Peut-être avait-elle compris combien cette existence, peut-être plus intéressante même si moins confortable matériellement, recelait de danger. Le pouvoir, le pur et dur, l'adrénaline à haute dose, l'exposition, les attachées de presse et journalistes qui tournent autour... peut-être a-t-elle eu peur de perdre son mari. Elle qui regrette un jour, au détour d'une phrase, que la politique ne soit pas, comme le monde de la finance, peuplée « de gentlemen, comme David de Rothschild », ou déplore, en évoquant la visite qu'ils avaient faite à « Philippe » (de Villiers) au Puy-du-Fou, ce que l'ancien élu a subi – « ils ont assassiné sa famille, c'est fou ce qu'il a enduré à titre personnel » – est effrayée par la violence de cet univers.

À l'entendre, son engagement au côté d'Emmanuel Macron dans la vie politique est donc plutôt « librement consenti », comme le disait mi-figue mi-raisin Bernadette Chirac, que réellement choisi ou encouragé. « Quand il est devenu ministre, je me suis dit : c'est parti ! Quand il a défendu sa loi, je me suis dit : c'est fini ! ça y est, il mord ! » résume-t-elle, fataliste[3].

---

1. Entretien avec l'auteur, le 4 janvier 2017.
2. Entretien avec l'auteur, le 28 février 2017.
3. Entretien avec l'auteur, le 31 janvier 2017.

Le rôle de Brigitte Macron est multiple sans être précisément défini. À la fois facilitatrice, coach, répétitrice, épaule réconfortante, regard rassurant. Souvent, certains passent par elle pour transmettre des messages ou joindre Emmanuel Macron : que ce soit les membres de la famille de l'ancien ministre – comme sa mère qui déjeune souvent avec Brigitte – ou des personnalités de milieux différents. Du monde du spectacle et du show-biz, notamment.

En fait, ayant vite compris que si elle ne s'impliquait pas à ses côtés, elle ne le verrait plus, elle a commencé à participer aux réunions d'agenda hebdomadaires à Bercy, ne serait-ce que pour garder des plages de temps libre pour eux deux. Au début, elle est restée professeur à Franklin puis elle a arrêté, à partir de juin 2015, se rendant vite compte que la vie de ministre d'Emmanuel Macron était incompatible avec la poursuite de son propre métier. Une décision qui a dû être difficile à prendre et qui a probablement correspondu au moment où son mari a choisi de tenter sa chance pour la présidentielle. Depuis, elle est là. Souvent à côté de lui. Veillant sur lui, le conseillant quand il répète sur scène avant un meeting. Lui adressant des signes lors de son premier grand rassemblement, à Paris, porte de Versailles, pour lui signifier qu'il « faisait trop long ». En vain. Lui faisant corriger des éléments de son discours sous la caméra de Pierre Hurel. Dans la même posture, finalement, que lors de leur première rencontre, lorsqu'ils travaillaient de concert à la réécriture de *L'Art de la comédie* d'Eduardo De Filippo et que la littérature les avait rapprochés : lui sur scène, elle en coulisse, le guidant et l'épaulant.

Amoureuse toujours. Écrivant, désormais, une autre comédie : celle du pouvoir. Avec ses vertiges et ses revers violents, comme ces rumeurs persistantes sur l'homosexualité prétendue de son mari. Des rumeurs qu'elle évoque elle-même dans les dîners parisiens ou lorsqu'elle raconte, hilare : « L'autre jour, j'ai vu un "pépé" dans la rue qui me dit "On le sait bien qu'il n'est pas pédé, Macron !" Vous voulez dire homosexuel lui rétorque-t-elle. Et le pépé de continuer selon elle : "Moi, je les sens, les pédés !" »

Présente toujours. Étonnante, Brigitte ! Mais un peu trop, au gré de certains, selon un écho du *Canard enchaîné* du 25 janvier 2016, écho assurant qu'elle a été « recadrée » et qu'on lui a demandé de se faire plus discrète. « On ne me met jamais à la bonne place. Soit on dit que je suis omniprésente, que je participe à la prise de décisions importantes, soit on assure que je n'existe pas. Bref je suis soit intrusive soit écartée », s'amuse-t-elle[1]. Fin janvier 2017, elle résume ses prérogatives en ces termes : « Je m'occupe de son agenda personnel. Et, quelquefois, je vois des gens. Il me fait des "listes de courses" des personnes à voir. Mais je ne vais jamais dans les déplacements à l'étranger ou les déplacements économiques. Je suis avec lui quand les sujets sont en rapport avec ce que je sais faire. Ou lorsque j'ai mon programme : éducation, culture, femmes, santé (tous les sujets sur lesquels je suis un peu compétente). » Et de poursuivre : « Je vais à tous les meetings. Quand il y a des réunions, j'écoute, mais je ne participe

---

1. Entretien avec l'auteur, le 31 janvier 2017.

pas. Je suis la reine du débriefing. Ce qu'on fait à deux, c'est le débriefing. Ce n'est pas rien, ce n'est pas tout. On a toujours fonctionné ainsi. »

Selon Stéphane Bern, elle est « là aussi pour calmer toutes les ardeurs qui peuvent faire exploser la cocotte, elle fait revenir Emmanuel Macron *"down to earth"*. Elle a un côté Madame Sans-Gêne et maîtresse-femme. Elle le fascine et a eu l'humour de lancer un jour : "Il faut qu'il y aille maintenant, imagine la gueule que j'aurai dans quinze ans[1] !" » Un autre proche, qui voit chez elle « un mélange de naïveté et de roublardise », assure qu'elle l'a appelé il y a quelques mois pour lui dire : « Il faut que tu m'aides à le calmer, tu sais ce n'est pas facile de vivre avec Jeanne d'Arc ! » Tandis qu'elle confiait à un autre, mi-figue, mi-raisin : « Il se prend pour Jésus ! »

Et l'influence-t-elle ? Il l'écoute, c'est évident, jugent en chœur ses proches, mais sans systématiquement suivre ses conseils ou avis. « J'ai des idées, je lui dis, il n'écoute pas toujours », confirme-t-elle. De droite sur certains sujets sociétaux, elle revendique sa différence. « Sur les femmes notamment, moi je suis plus radicale que lui. Pas du tout tolérante. Lui, il essaie de comprendre. Moi je rentre dedans et, je ne le cache pas, je suis terrifiée par ce qui se passe dans certaines banlieues, ces jeunes filles qui se font traiter de tous les noms, qui sont conditionnées. Ce qui s'est passé à Sevran avec des bistrots où les femmes n'étaient pas désirées est scandaleux », assène-t-elle alors que son mari considère qu'il n'est pas souhaitable d'interdire le voile à l'université et qu'une jeune

---

1. Entretien avec l'auteur, le 3 janvier 2017.

fille peut décider librement de son choix à partir du moment où elle est majeure.

À voir son implication dans la campagne présidentielle de son mari et à l'entendre décrire ses multiples activités à son côté, Brigitte Macron semble avoir clairement décidé de faire tout son possible pour l'aider dans cette course vers l'Élysée. Un véritable programme de première dame en herbe.

Avant l'élection de son mari, le 7 mai 2017, quand on lui demandait si elle se voyait en première dame, elle assurait ne pas « se projeter », « ne pas vivre dans des chimères » – « J'aurais préféré qu'on ait une autre vie » –, mais se projetait tout de même, assurant que si les choses évoluaient, elle continuerait « des activités à côté », aurait « une vie normale » mais remplirait « très volontiers ses obligations, c'est normal. On peut aider et ça il faut le faire ».

Elle reconnaissait qu'elle se documentait sur le sujet, regardant notamment ce qu'avaient fait les anciennes premières dames. Elle a eu l'occasion d'en croiser au moins deux. Valérie Trierweiler et Anne-Aymone Giscard d'Estaing. Des profils aux antipodes. À propos de la première, elle dit, pleine de compassion et irritée par cette comédie humaine, les jugements des bien-pensants qui diffusent et se repaissent de rumeurs : « Je la plains de tout mon cœur. Véritablement, qu'est-ce qu'elle a encaissé. On n'a pas dit le quart du quart de ce qu'elle a pris, de ce qu'elle a vécu. Cela a été tellement destructeur. Je déteste les gens qui jugent. Heureusement qu'elle avait ce caractère, ça l'a probablement sauvée ! » Quant à la seconde,

« madame Giscard d'Estaing », injustement caricaturée dans le rôle de la potiche empruntée, elle la juge « très intelligente » et regrette qu'elle « s'applique à le cacher ».

Consciente que les « Français élisent un couple », Brigitte Macron se prête en tout cas volontiers à l'exposition nécessaire qu'elle implique. Elle semble même y prendre goût, paraissant étonnée que, lorsqu'elle accompagne son mari en province, les gens veuillent la voir, lui parler, poser des questions sur ses enfants, lui demander des photos. « Ils se disent que c'est quelque chose de bien. Ils trouvent bien qu'Emmanuel se soit engagé, qu'il soit marié, fidèle. Cela les fascine. » Elle marque une pause et ajoute : « Le jour où il sera infidèle, c'est qu'il sera amoureux. Ce n'est pas un homme de bagatelles, ça ne l'intéresse pas. » On ne lui avait rien demandé.

5

Un homme et des Lettres

Il y a cette enfance qu'il dit avoir passée dans les livres, « un peu hors du monde », vivant « largement par les textes et par les mots ». Cette enfance au cours de laquelle, écrit-il joliment dans *Révolution*, « le cours secret, intime, de la littérature prenait l'ascendant sur les apparences, donnant au monde toute sa profondeur que dans l'ordinaire des jours l'on ne fait qu'effleurer ». Avec comme guides particuliers Colette, qui lui a appris ce qu'est un chat ou une fleur, Giono, « le vent froid de la Provence et la vérité des caractères », et Gide et Cocteau en « compagnons irremplaçables ».

Il y a évidemment cette grand-mère idéalisée avec laquelle il passait de longues heures, enfant, « à apprendre la grammaire, l'histoire, la géographie » et à lire « des jours entiers à voix haute auprès d'elle », Molière et Racine, Georges Duhamel, Mauriac et Giono. Une grand-mère qui lui fait découvrir aussi Gide et Camus, dont la propre mère ne savait pas lire et considérait donc la maîtrise de la langue comme la voie royale de l'ascension républicaine. Une grand-mère dont les livres de la collection blanche de Gallimard trônent, désormais, en bonne place dans la bibliothèque d'Emmanuel Macron, au Touquet.

Il y a aussi des parents qui étaient lecteurs, et surtout un père qui l'a guidé dans l'apprentissage du grec et sa découverte de la philosophie.

Il y a ce voyage presque initiatique qu'il fait, comme tant d'autres avant lui, en « montant » à seize ans à Paris, la « plus belle des aventures » qui lui permet « d'emprunter les chemins des personnages de Flaubert, Hugo », d'être « porté par l'ambition dévorante des jeunes loups de Balzac ». Cette espèce d'accomplissement pour l'enfant de province rêveur qu'il était et qui, écrit-il encore, chaque fois qu'il visitait la capitale, faisait apparaître ses héros au détour des rues. Passant en filant « dans le monde d'Arsène Lupin, de Monte-Cristo et des *Misérables* ».

Il y a sa rencontre avec Brigitte, évidemment. Enseignante de français et de latin, qui se définit comme « une dix-neuviémiste acharnée » ayant travaillé sur les premiers romans, Chrétien de Troyes (l'un des premiers auteurs de romans de chevalerie) et se dit « subjuguée par l'écriture de Flaubert ». Une femme de qui il s'est rapproché grâce au théâtre. Et donc aux mots, bien sûr.

« J'allais chaque vendredi écrire avec elle pendant plusieurs heures une pièce de théâtre. Cela dura des mois. La pièce écrite, nous décidions de la mettre en scène ensemble. Nous nous parlions de tout. L'écriture devint un prétexte. Et je découvrais que nous nous étions toujours connus », écrit-il dans *Révolution*.

Il y a cette vocation d'écrivain que l'adolescent exalté pensait ancrée en lui, et que Brigitte, « quand elle était ma prof de français » (elle explique pourtant lui avoir uniquement enseigné le théâtre), avait partagée et encouragée, selon ses propos tenus à Jérôme Garcin, dans *L'Obs*[1].

Il y a cet échec à l'École normale supérieure – il a été reçu à Fontenay mais pas à Ulm, qu'il a ratée deux fois – longtemps occulté, laissant croire à certains qu'il sortait de la prestigieuse école de la rue d'Ulm, entretenant le flou. Une blessure, à l'évidence. Un échec que Macron impute en grande partie au fait qu'il était trop amoureux pour préparer sérieusement le concours, mais une blessure évidente tant, en France, l'air de rien, chez certains, cette école donne plus que d'autres l'onction intellectuelle indépassable à ceux qui y sont passés. Plus qu'une reconnaissance sociale, une reconnaissance statutaire, un talisman intellectuel décroché par Sartre, Althusser et Michel Foucault... Jean-Pierre Jouyet, avec qui il parlait de littérature russe et anglo-saxonne, a longtemps cru que son protégé était normalien, lui qui insistait plus sur le rôle qu'il avait eu auprès de Paul Ricœur, les œuvres de Roland Barthes et Jacques Derrida que sur son passage à l'ENA. L'un de ses camarades de cette même école se souvient de son côté l'avoir laissé dire sans protester, au cours d'une conversation, qu'il était normalien. Comme si « un amphigouri narratif partant d'une accroche de vérité pouvait la transformer en vérité ».

---

1. 16 février 2017.

Il y a cette rencontre avec Paul Ricœur, dont il s'est présenté comme l'assistant, alors qu'il fut, selon certains dont la philosophe Myriam Revault d'Allonnes, membre du conseil scientifique du Fonds Ricœur, interrogée par *Le Monde*[1], uniquement assistant éditorial pour le livre *La Mémoire, l'histoire, l'oubli*[2]. Proximité dont il « tire un bénéfice symbolique totalement exagéré ».

Mais qu'importe, fort d'un DEA en philosophie à Paris-X Nanterre, ce « philosophe en politique » – comme l'a désigné en juillet 2015 la revue *Le 1* (dont le cofondateur était Henry Hermand, bienfaiteur d'Emmanuel Macron) – a utilisé ce travail pour se distinguer. Une manière de se singulariser en politique par la mise en avant de cette spécificité. Une manière de dire – comme l'enfant terrible de la finance Matthieu Pigasse, qui dirige la branche française de la banque Lazard et se targue d'aimer le rock-punk heavy metal et de ne pas apprécier les bourgeois – « Je ne suis pas l'ambitieux que j'ai l'air d'être. »

Un moyen aussi d'afficher un supplément d'âme. Une dimension romantique. D'installer le personnage d'une espèce de Chateaubriand à l'ère numérique, mâtiné de Guizot des temps modernes.

Il y a aussi ce roman, *Babylone, Babylone*, écrit lorsqu'il était en prépa et qu'il avait seize-dix-sept ans. Une grande fresque picaresque sur la conquête de l'Amérique latine du temps de Cortés. Une fiction sur les Conquistadors, évidemment, cela peut laisser deviner un désir de conquête. Un

1. 2 septembre 2016.
2. Le Seuil, 2000.

livre qu'il a présenté à l'époque à quelques éditeurs, lesquels ont refusé poliment et qui, remarque la mère d'Emmanuel Macron, avait été largement inspiré par un voyage qu'elle et son mari avaient effectué au Mexique. « Il s'était imprégné de notre histoire et avait fait un travail de documentation énorme[1] », révèle-t-elle.

Un livre qu'il a fait lire à quelques proches. À sa grand-mère bien sûr, à son père, à son ami Marc Ferracci, avec qui il a préparé l'ENA et auquel il a fait découvrir Yves Bonnefoy, « poète du dévoilement et de la transparence qui cherche à regarder ce qu'il y a derrière ». Un ami, qui fut avec Henry Hermand son témoin de mariage, et à qui il a offert, après son échec à l'ENA, un ouvrage de René Char, *Les Feuillets d'Hypnos* (dont il a récité une citation lors de son meeting de Lyon), contenant en exergue cette citation du résistant : « Ne t'attarde pas à l'ornière des résultats », injonction toute révélatrice.

Il y a le soin, obsessionnel, mis à écrire son livre *Révolution*, pesant les mots au trébuchet, discutant la place d'une virgule jusqu'au dernier moment. Comme une sorte de mise en abîme, une manière d'être le plus proche de ce qu'aurait voulu sa grand-mère, un écrit qu'il était en train de fignoler à la veille de sa déclaration de candidature à l'élection présidentielle.

Il y a encore le « rapport quasi pathologique », selon sa femme, qu'Emmanuel entretient avec les ouvrages, lui « qui n'a jamais offert que des livres,

---

1. Entretien avec l'auteur, le 20 janvier 2017.

ne va que dans des librairies » et s'est entendu un jour dire par l'une des petites-filles de Brigitte : « Tu sais, il y a des magasins de jouets aussi ! »

Et puis, il y a cet « aveu » fait à Jérôme Garcin : « Je ne mets rien au-dessus de l'écriture. Je ne cesse d'y penser comme à un paradis perdu », ainsi que le lien établi entre politique et littérature lui permettant d'assurer doctement qu'il lui est « impossible d'établir un lien entre le réel et la transcendance sans passer par l'écriture ».

Il y a tout cela, et il y a aussi, au fil de ses meetings, des citations appuyées, des références répétées aux « passions tristes » chères à Spinoza ou à *La Comédie humaine* de Balzac comme des signaux surlignés, des balises qui tenteraient d'imposer à l'ère d'Internet l'image d'un homme politique lettré, philosophe, en un mot différent de tous les autres.

Un homme politique qui affiche comme amis écrivains revendiqués Erik Orsenna et François Sureau, représentant « une gauche et une droite littéraires » et correspondant, dit-il à *L'Obs*, à ce qu'il est et « à l'âme française » – qui, pourtant, à entendre ses propos de Lyon sur la culture française... n'existerait pas. Drôle d'attelage.

Erik Orsenna, académicien, globe-trotter et consultant en entreprises qui a démarré au PSU et a connu Macron en marge de la commission Attali. Un homme optimiste, enthousiaste éclectique et joyeux, qui soutient le candidat à la présidentielle après avoir été conseiller de François Mitterrand. Et apprécie chez ce politique, qu'il considère « comme un vrai littéraire », qu'il veuille donner « à chacun la possibilité de se déployer.

C'est Ricœur et Levinas. Il voit dans chaque être humain une promesse. C'est Levinas, le visage. C'est Ricœur, une promesse. Il pense vraiment que le grand sens du progrès est lié à la culture. La culture c'est être plus grand que soi. C'est l'inverse de la dépression. Il est l'inverse de Hollande qui considère que la société est avant tout technique[1] ».

François Sureau, lui, formé chez les jésuites, à Franklin (l'école où Brigitte Macron enseignait à Paris), est un être plus sombre et tourmenté, brillant avocat et maître des requêtes au Conseil d'État, qui vient d'écrire un livre sur Charles de Foucauld intitulé *Je ne pense plus voyager*[2]. Il est aussi un ami de François Fillon.

Deux écrivains qui sont un peu comme des étendards. Comme si le petit garçon qui, à deux ans, se trimballait devant ses parents avec un livre ouvert destiné à les impressionner, cherchait toujours des modèles, des références. Comme s'il en manquait dans son histoire personnelle, dans son roman familial, en dehors de cette grand-mère placée à tout jamais sur un piédestal, magnifiée. Le jeune Macron, qui a écrit un roman picaresque et assure en avoir rédigé d'autres et toujours écrire, entre donc dans la catégorie décrite par Marthe Robert dans *Roman des origines et origines du roman*[3] (qui tente une lecture psychanalytique du roman à partir d'un texte de Freud) de « l'enfant trouvé », typologie à l'origine de romans chimériques ou picaresques comme *Don Quichotte*.

---

1. Entretien avec l'auteur, le 14 janvier 2017.
2. Gallimard, 2016.
3. Grasset, 1988 (1972).

Resté à une vision d'un monde rêvé, il y a chez lui, comme le note un proche, quelque chose qui relève du bovarysme : Emmanuel Macron semble affecté d'insatisfaction permanente. Et, sans cesse, comme un joueur, refait tapis chaque fois, la littérature lui offrant des modèles de héros qui ont rêvé leur vie comme lui aimerait rêver la sienne !

6

De la séduction

« Parce que je veux être président, je vous ai compris et je vous aime. » La décantation, la révélation dans sa pureté du personnage, de ce qui meut, au fond, Emmanuel Macron, a très exactement eu lieu le 18 février 2017, devant une salle à moitié vide, à Toulon, au terme d'une semaine compliquée, « rock'n roll », pour le président d'En Marche !, dont l'irrésistible ascension semblait tout à coup freinée net. Comme un brutal retour au principe de réalité après des semaines de lévitation.

Le prétexte, le détonateur ? D'un côté, ses propos tenus à l'occasion d'une interview donnée, le 14 février 2017, à la chaîne algérienne Echorouk News où il qualifie la colonisation de « crime, [de] crime contre l'humanité », de « vraie barbarie ». De l'autre, le regret exprimé, dans *L'Obs*, que les opposants au mariage pour tous aient été humiliés. Deux déclarations qui hérissent… à droite et à gauche.

À la limite, qu'importe, pourquoi pas ? Mais, concernant la colonisation, ces propos – dont on voit la visée électoraliste en direction des banlieues et des Français originaires du Maghreb – tombent particulièrement mal et sont proprement ahurissants. Tout d'abord parce que comparer la colonisation française – quels que soient les crimes auxquels elle a pu donner lieu et sans les excuser ni les effacer – à un crime contre l'humanité, à l'extermination systématique et programmée d'un peuple, n'est ni acceptable ni juste. Ensuite, parce que cette sortie était en totale contradiction avec les propos tenus quelques mois plus tôt au *Point* dans lesquels Emmanuel Macron reconnaissait qu'« il y avait eu des éléments de civilisation » dans la colonisation. Soit. Mais le candidat qui, selon l'un de ses amis lui ayant reproché cette déclaration, n'en avait pas dormi de la nuit, se braque lorsqu'on lui parle d'un discours tenu « pour plaire ». Et assure qu'il a déjà prononcé cette phrase auparavant. « Reconnaître la part de souffrance qu'il y a dans chaque mémoire ce n'est pas enlever quelque chose à l'une de ces mémoires », dit-il[1]. Il a beau assurer « que, pour avancer, il faut parfois réconcilier », il a beau rappeler que, ministre, il a beaucoup clivé (« Je suis allé devant les chambres de commerce et d'industrie, leurs membres se sont levés et m'ont tourné le dos pendant dix minutes parce que je leur avais coupé pour la première fois les vivres ; j'ai eu les notaires contre moi ; quand j'ai dit qu'il fallait réformer EDF, je suis allé dans une centrale avec des mecs qui m'attendaient en disant "On va t'empaler, Macron démission !" »), en entendant cette déclaration on pense à Jacques Chirac qui, en 1995, prêt à tout pour faire dévisser Balladur,

1. Entretien avec l'auteur, le 28 février 2017.

lançait à ses proches médusés : « Je vous étonnerai par ma démagogie. »

On se dit aussi qu'il faut être quelque peu culotté ou cynique pour oser reprendre, peu après, afin de calmer les esprits, des paroles prononcées par le fondateur de la Ve République. « Je vous ai compris », cette phrase si connue, lancée par le Général le 4 juin 1958 au Forum d'Alger, est en effet le summum de l'ambiguïté : chacun, à l'époque, pouvait s'y retrouver, projeter ses propres aspirations. À croire qu'elle sied comme un gant à « l'ambigu monsieur Macron », tel que l'avait dépeint le journaliste Marc Endeweld dans une biographie qui lui était consacrée[1]. Déteste-t-il à ce point déplaire qu'il lui faille réagir ainsi ?

Cette séquence est en tout cas intéressante parce qu'elle révèle l'espèce de désarroi qui semble étreindre Emmanuel Macron face à une foule qui ne le soutient pas, n'adhère pas à ses propos. Que n'anime pas la ferveur de celle qui le célébrait, quelques jours plus tôt, lors de son grand meeting de Lyon. C'est comme si cette froideur lui était insupportable, inconcevable même. Le 18 janvier, à Toulon, devant une salle dégarnie (en raison, notamment, de militants FN ayant empêché les sympathisants inscrits de venir), le candidat d'En Marche ! a perdu de sa superbe. Il fait grise mine, son verbe porte moins que d'ordinaire, son regard ne brille pas de la petite flamme qu'on lui voyait jusqu'alors. C'est comme si, d'un coup, la magie s'était brisée.

---

1. *L'Ambigu Monsieur Macron, op. cit.*

Un fait intéressant, pourtant. Ce jour-là, à Toulon, comme il le fait souvent, tel un Sarkozy allant au contact – de façon plus virile, lui, dans une manière de défi –, Emmanuel Macron est allé discuter avec certains des pieds-noirs blessés, outragés par ses propos. Une manie chez lui, une manière d'appliquer concrètement l'un des préceptes de son penseur référent, Paul Ricœur, qui – comme le relevait le candidat lors d'une interview à France Culture – lui avait enseigné de garder, dans sa pratique politique, « la nécessité de regarder le visage de l'autre ou la lecture de l'autre, même quand elle n'est pas conforme à la sienne ». À l'instar de ce que prônait Ricœur – qui, tout en reconnaissant la singularité et l'unicité de la Shoah, a choisi « d'aller discuter avec ceux qui la nient pour en déconstruire la pensée » –, Macron se targue de tenter le dialogue, convaincu qu'il faut « aller au corps-à-corps », débattre avec l'adversaire afin de « déconstruire sa parole dans le rapport aux faits, dans le rapport de ce qui s'est véritablement passé », convaincu de cette espèce « de va-et-vient nécessaire qu'il y a entre la trace, le fait et la représentation que nous nous en faisons ».

Les anecdotes ne manquent pas quant à cet élan naturel du candidat d'En Marche !. Gérard Collomb se souvient ainsi avec amusement que, encore ministre, Emmanuel Macron avait été alpagué, en marge d'une visite à la Bourse du Travail, par une syndicaliste remontée qui lui avait envoyé un yaourt, l'ayant loupé de peu. Quelques mois plus tard, l'encore ministre revient à Lyon pour découvrir un centre d'apprentissage en métallurgie du 8e arrondissement. Et le voilà qui, tout à coup,

quitte le cortège parce qu'il a reconnu la syndicaliste courroucée. « On était en retard, mais rien à
faire, il voulait absolument lui parler. Il est resté
au moins dix minutes avec elle. »

Quelque temps plus tôt, il avait agi de même
avec un autre syndicaliste qui l'avait attaqué
violemment sur sa loi menant à l'ouverture
des magasins le dimanche, lors d'un meeting à
Fresnes, à l'invitation du député Jean-Jacques
Bridey. Nicolas Prissette le raconte dans *Emmanuel Macron, en marche vers l'Élysée*[1]. « Ce qui
est proposé maintenant, c'est le travail de nuit, la
remise en cause du travail dominical ! La réponse
de vos électeurs, ce sera l'abstention, voire pire
le vote FN ! » s'était écrié cet opposant. Macron
avait repris alors la parole et expliqué au contes-
tataire, en le tutoyant, que déjà 30 % des Français
travaillent le dimanche et « qu'il n'y aura pas de
travail sans compensation ». La salle, convaincue,
avait applaudi à tout rompre.

Du Macron pur sucre. Chez qui désir de
convaincre et angoisse de déplaire sont liés
de façon étroite. Comme s'il ne pouvait supporter
l'idée de découvrir autre chose que l'approbation
ou l'assentiment chez son interlocuteur. Comme
s'il avait du mal à ne pas revoir les regards admiratifs qu'il a presque toujours croisés depuis son
enfance : chez ses parents, sa grand-mère, ses professeurs, ses copains. Puis chez tous ceux qui l'ont
aidé à gravir les échelons de la réussite parisienne.

« Il n'aime pas cliver, Emmanuel, il déteste ça.
Il aime que tout le monde l'aime. C'est une espèce

---

1. Plon, 2016.

de phobie et probablement la raison pour laquelle il a mis tellement de temps à dévoiler son programme », s'amuse un ancien camarade de l'ENA. Jacques Attali relève de son côté qu'Emmanuel « est un homme heureux qui a envie d'être porteur de bonnes nouvelles[1] ».

Ce travers ne date pas d'hier : depuis qu'il est petit, Macron veut toujours convaincre, plaire, « retourner » ceux qui, *a priori*, ne l'aiment pas. Comme cette professeur de piano qui lui avait fait rater son concours au conservatoire d'Amiens et avec laquelle il avait expressément demandé de repasser l'année suivante. Pour, cette fois, réussir l'épreuve.

Il a toujours eu le désir de plaire, le besoin d'être admiré, de recueillir l'assentiment de ceux qu'il côtoie, et plus particulièrement de ses aînés, de ceux qui détiennent un pouvoir qu'il n'a pas. Le pouvoir du savoir. Le pouvoir intellectuel, puis économique et politique. Il veut tous les conquérir, les embrasser. Pour être reconnu, adulé, admiré. Pour obtenir cette petite dose d'adrénaline que l'on trouve en politique, mais aussi en banque d'affaires où, reconnaît-il, « il y a des moments de conquête, de chasse, mais différents de ceux de la politique[2] ». En fait, Emmanuel Macron est comme un don Juan asexué. Ou, plus exactement, un don Juan aux yeux duquel la conquête, la séduction ne sont pas sexuées, ni liées à l'accumulation de conquêtes féminines, mais correspondent plutôt à une sorte de réassurance narcissique perpétuelle.

1. Entretien avec l'auteur, le 26 janvier 2017.
2. Entretien avec l'auteur, le 28 février 2017.

À un besoin presque pathologique de séduire. De convaincre. De renouveler sans cesse les commencements exaltants. C'est le sentiment qu'exprime Dom Juan, pour qui « les inclinations naissantes, après tout, ont des charmes inexplicables, et tout le plaisir de l'amour est dans le changement ».

À se demander si Emmanuel Macron ne fait pas tout pour retrouver, toujours et encore, le regard de Manette, sa grand-mère adorée. Ce regard qui l'a porté, l'a approuvé, et émancipé.

Un regard qu'au fil des ans l'étudiant retrouvera chez des personnes souvent plus âgées que lui. Des aînés, des « sachants », des puissants. Les seuls qu'il reconnaît. Les seuls qui le reconnaissent aussi, apprécient sa culture, son intelligence, son esprit de synthèse, sa maturité… sans tomber dans le rapport inévitable de compétition, de rivalité, qui peut exister chez ses contemporains, ceux de son âge qui ne l'intéressent pas et, au fond, semblent vivre sur une autre planète.

La liste des aînés subjugués par « le petit Macron » – avant d'avoir, parfois, l'impression de « s'être fait détrousser comme des petites vieilles » – est longue. Et s'est constituée tôt.

Avec, d'abord, toute une kyrielle de professeurs enamourés. À La Providence, où cet élève singulier qui semble déjà tout savoir charme ses profs auxquels il s'adresse d'égal à égal et avec lesquels il discute après les cours. Il est tellement doué et apprécié, « Manu », que l'un de ses anciens enseignants, Léonard Ternoy, professeur de lettres interrogé par *Vanity Fair* en février 2017, raconte que sa fille a souffert de son admiration pour Emmanuel. « Elle avait un an de plus. Elle préparait son bac français et je parlais à table du jeune Macron si exceptionnel », raconte-t-il à Claude Askolovitch. Sans revenir, évidemment, sur le charme exercé sur sa prof de théâtre…, ce n'est que le début d'une longue série, les prémices d'un éternel recommencement.

À Sciences-Po, antichambre de l'ENA où il est entré après son échec à Normale – s'inscrivant en parallèle en philo à Nanterre –, son professeur, l'historien François Dosse, auteur d'une biographie sur Paul Ricœur, le repère vite. « Il intervenait très brillamment et facilement […] et avait notamment la capacité de faire la synthèse entre les différents enseignements », dit-il[1]. C'est lui qui lui présente le philosophe Paul Ricœur, à l'époque en quête d'un étudiant capable de classer ses archives. Une rencontre fondatrice, selon Macron, qui en parle avec les termes exaltés du disciple au maître : « Nous ne nous sommes plus quittés. Je lui dois quelque chose d'immense : la confiance. J'avais vingt et un ans, je ne savais rien et un homme de plus de quatre-vingts ans, monument de la philosophie, acceptait que je le relise, répondait à mes arguments et me jugeait digne d'avoir avec lui un dialogue intellectuel permanent », explique-t-il dans une interview à *L'Obs*[2]. Et d'ajouter : « Quand je suis avec vous, me disait-il, j'ai l'impression d'être avec un contemporain. C'est inoubliable. » Inoubliable et révélateur de l'effet qu'a souvent provoqué Emmanuel Macron, avec son physique et son enthousiasme juvéniles, sur des personnes plus

---

1. Cité dans Marc Endeweld, *L'Ambigu Monsieur Macron*, *op. cit.*
2. 16 février 2017.

âgées que lui. Est-ce l'impression de remonter le temps, de parler avec un « petit jeune » comme si celui-ci était de la même génération ?

Celui que Julien Dray surnomma en riant « le dragueur de vieux » a, visiblement, un talent particulier pour charmer ses aînés. Emmanuel, témoigne un ami de l'ENA, « s'est toujours appuyé sur des gens de générations au-dessus. Il se produit quelque chose du registre de la cure de jouvence pour eux. Ils aiment être courtisés par un jeune ambitieux. C'est un processus de séduction assez impressionnant. Emmanuel a besoin qu'autour de lui l'œil frétille, s'allume. Lui séduit, utilise puis jette. Il a d'ailleurs très peu d'amis en dehors de Marc Ferracci ».

Que ce soit volontaire ou non, naturel ou calculé, Emmanuel a indéniablement « un truc extra, qui fait crac boum hue », comme chantait Dutronc. Il possède l'incroyable capacité de donner l'impression d'être proche de son interlocuteur. Il nimbe toutes ses relations professionnelles d'une chaleur, d'une attention à l'autre bien peu communes dans les sphères du pouvoir.

À l'ENA, à Strasbourg – où il fait partie d'une bande issue de la désormais fameuse promotion Senghor, qui rassemble de futurs espoirs de gauche et de droite comme Boris Vallaud, plus tard secrétaire général adjoint de l'Élysée de François Hollande, Sébastien Veil, le petit-fils de Simone Veil, dont la future femme, Sybille, également à l'ENA, travaillera pour Nicolas Sarkozy, Sébastien Proto, qui œuvrera également pour Sarko à l'Élysée et est aujourd'hui banquier chez Rothschild, Mathias Vicherat... –, il avait ainsi coutume de claquer la bise sans compter et de serrer la main à tout-va. À la concierge, aux appariteurs, à tout le monde, « comme s'il était en campagne ». Il s'exclamait même « Bonjour ma poule ! » rappellent certains... en précisant que c'était une proximité de façade.

À l'époque, le jeune homme aimait plaisanter mais faisait tout de même sentir que, à vingt-cinq ans, sa vie était ailleurs. Qu'il avait des responsabilités, des beaux-enfants, des petits-enfants, même. Tout en donnant des cours de théâtre ! Il ne restait jamais le week-end sur place et gardait toujours une espèce de distance envers sa bande de copains, plutôt amateurs de blagues potaches et de soirées entre karaoké et Académie de la bière. Preuve qu'ils n'étaient pas dupes, un jour, ses camarades de promo piratèrent sa boîte mail et envoyèrent un message signé de lui avec comme texte : « Chers tous, vous me voyez tous les matins, je vous fais la bise, je vous souris mais, au fond de moi, je vous méprise profondément. » Macron avait ri... jaune.

Au fil des ans, et en partie grâce à cette cordialité hors du commun, Emmanuel Macron a, avec une redoutable efficacité, continué à étendre ses connexions. Et son réseau. À l'ENA, déjà, Gaspard Gantzer (autre protégé de François Hollande dont il a pris en charge la communication à l'Élysée dès 2014) se souvient « qu'Emmanuel était exceptionnel par son entregent ». Il avait une vie personnelle bien remplie, mais aussi « mille autres activités à côté, politiques, culturelles, il connaissait un nombre de gens incalculable. Quand il est arrivé à l'ENA, je me souviens ainsi qu'il connaissait déjà la directrice, Marie-Françoise Bechtel [directrice entre 2000 et 2002][1] » – qu'il avait croisée chez Chevènement.

Autre avantage, à l'époque, le jeune Macron – qui revendiquait une sensibilité de gauche mais moins engagée que certains de ses camarades, comme Mathias Vicherat – n'était pas préoccupé par les filles. Étant comblé avec Brigitte, il n'avait pas besoin d'« autre chose », à la différence de ses camarades. Il pouvait donc se concentrer sur ses études et la construction de l'édifice relationnel qui allait l'aider à gravir les échelons. Propulsé grâce à cette pâte humaine qui lui est propre et lui permettra d'obtenir la meilleure note après son stage, à la préfecture de l'Oise : 10 sur 10. Une note qu'ils ne seront que trois sur cent quarante à décrocher et qui sera accompagnée, dans son cas, de la mention : « Étudiant doté d'un charisme exceptionnel. »

Intelligence, esprit de synthèse, capacité de travail, « charisme exceptionnel ». Décidément, le jeune homme part avec de sérieux avantages. Et notamment une empathie que tous ses parrains ne cessent de vanter, des papillons dans les yeux. Il fait preuve d'« une vraie capacité à se mettre à la place des autres, à reformuler leurs pensées[2] », estime son ami Marc Ferracci. Qui plus est sans jamais apparaître demandeur.

Tout tendu vers l'art de la conversation, taillé sur mesure en fonction de ses interlocuteurs, vers ce que les psychanalystes appellent, concernant l'empathie cognitive, l'aptitude à se représenter

1. Entretien avec l'auteur, le 30 décembre 2016.
2. Entretien avec l'auteur, le 13 janvier 2017.

les états mentaux d'autrui, en somme « la mentalisation ».

Une disposition qui se révèle tôt chez certains enfants capables non seulement d'imiter – le petit Emmanuel faisant semblant de lire avec un crayon dans l'ouvrage comme ses parents –, mais aussi de percevoir les intuitions d'autrui.

7

Les parrains et grands frères

Grâce à ses qualités, à une force de travail étonnante et à une gaieté juvénile inhabituelle dans les cercles du pouvoir, Emmanuel Macron est parvenu à se faire remarquer au bon moment par les bonnes personnes. Et ce sans jamais sembler le demander ! Celui qui a rapidement oublié qu'il voulait devenir écrivain a ainsi eu plusieurs pères successifs, en plus du sien. De quoi se constituer une jolie petite famille recomposée, avec plusieurs mentors, pères ou « grands frères », comme il en appelle certains, affectueusement et habilement. Et pour cause, grand frère, c'est plus flatteur et sympathique, même si peu vraisemblable concernant certaines des personnes évoquées ayant, au bas mot, trente ans de plus que lui !

En tout cas, Emmanuel Macron a la paternité multiple et sélective. Comme l'analyse Julien Dray : « Il drague toujours les vieux, se positionne toujours comme le fils rêvé. » L'une de ses cibles, du haut de ses soixante-dix ans, analyse finement : « Les vieux, si je puis dire, sont toujours contents quand ils voient un jeune s'intéresser à eux. Comme ils s'interrogent souvent sur leur utilité sociale, ils ne peuvent qu'être flattés de découvrir un jeune ministre brillant leur dire j'ai besoin de vous. »

Il y a quelques années, un autre que Macron avait ce type de réputation. Lui aussi enfant de la province, il était né à Grenoble, était tout autant surdiplômé – polytechnicien, énarque, inspecteur des finances –, surdoué, affable, avec le même genre de visage poupin. Comme Macron, il avait quitté la fonction publique pour la banque d'affaires – Lazard en l'occurrence –, était passé par les cabinets (conseiller technique chargé des privatisations à celui d'Édouard Balladur) avant, grâce à une rencontre avec Guy Dejouany, président de la Compagnie générale des eaux – qu'il remplacera en 1996 – de mener une carrière fulgurante et météorique à la tête de Vivendi… Son nom ? Jean-Marie Messier.

Après Paul Ricœur, avec qui il noue, selon François Dosse, « une relation quasiment filiale[1] », et après s'être rapproché un temps de Laurent Fabius (alors qu'il avait passé, en 2000, six mois au cabinet de Georges Sarre, du Mouvement des citoyens), le jeune Macron fait une autre rencontre décisive : celle d'Henry Hermand.

Présenté souvent comme son mentor en politique, cet homme d'affaires discret ayant fait fortune dans la grande distribution s'est distingué comme mécène de la gauche progressiste. Ce réformiste, disparu en novembre 2016, a participé au financement de plusieurs think tanks de gauche comme La République des idées de Pierre

---

1. Cité dans *L'Ambigu Monsieur Macron*, *op. cit.*

Rosanvallon ou Terra Nova, et fut l'actionnaire de référence du *1*, l'hebdomadaire fondé par Éric Fottorino, ancien directeur du *Monde*, dans lequel écrivait régulièrement Macron.

Ancien résistant, proche des milieux intellectuels progressistes et de la revue *Esprit*, « anticolonialiste, humaniste et chrétien », comme le définit *Le Monde*, cet ex du PSU, après avoir soutenu les candidats de la deuxième gauche derrière Michel Rocard, décide donc de prendre le jeune homme sous son aile. Après une rencontre lors d'un déjeuner à la préfecture de l'Oise où le promu de l'ENA effectue, après quelques mois passés au Nigeria, son stage de haut fonctionnaire. Hermand, tombé sous le charme de ce garçon « brillant », lui dit : « Viens à Paris, je vais te présenter des gens », se souvient sa femme Béatrice. Emmanuel et Brigitte entrent donc dans la vie des Hermand. « Emmanuel et Henry se voyaient souvent et on dînait fréquemment à quatre ou avec une bande d'amis. On est aussi partis en vacances avec eux, lors de petits séjours », ajoute-t-elle. La veuve de ce généreux utopiste – il a prêté de l'argent à Emmanuel Macron afin d'acquérir son premier appartement et, surtout, l'a poussé, parmi les premiers, à incarner une gauche progressiste orpheline puis à se présenter à la présidentielle, après avoir échoué à faire de Michel Rocard un président – assure que son mari et Emmanuel s'aimaient beaucoup. « Emmanuel était un peu comme son fils », confie-t-elle, se souvenant que Brigitte – qui lui a confié un jour « qu'Emmanuel n'avait jamais eu de telles relations avec son propre père » – semble du même avis.

De fait, lorsque Emmanuel et Brigitte se marient, en 2007, Henry Hermand (qui selon Sylvie Rocard a « organisé la fête ») est l'un des témoins du marié. Il faut dire que ce dernier a tenu ses promesses. Il lui a bel et bien « présenté du monde ». « Henry », comme en témoigne Sylvie Rocard, la femme de l'ancien Premier ministre, lui « ouvre toutes les portes et lui présente notamment Michel [Rocard] ». Désormais, les Rocard comme les Hermand se voient régulièrement. Et Sylvie Rocard – qui relève au passage que Macron a le talent particulier de faire « qu'au bout d'un quart d'heure, on a l'impression de le connaître depuis longtemps » – se souvient du premier dîner que Brigitte et Emmanuel ont organisé alors qu'ils venaient d'arriver à Paris, il y a dix ans, « dans leur petit appartement près des Gobelins ». « Le canapé du salon était à deux mètres de la salle à manger, raconte-t-elle. Ils étaient impressionnés de voir Michel et nous ont reçus avec beaucoup de chaleur[1]. »

Cette filiation rocardienne, Emmanuel Macron y tient particulièrement. Et même s'il avait seulement onze ans quand ce dernier était Premier ministre, il veut retenir de son passage à Matignon « le rapprochement de l'État avec la société civile », qui a permis, déclare-t-il au *Parisien* au lendemain de la disparition de l'ancien leader du PSU, « de grandes conquêtes sociales comme la mise en place du RMI », mais aussi « la réforme de l'action publique » avec la première tentative de réforme de l'État, « sans compter son apport en faveur de l'économie sociale

1. Entretien avec l'auteur, le 26 janvier 2017.

de marché ». Et même si l'ancien Premier ministre a déploré, lors de son interview testament au *Point*, que Macron soit « loin de l'Histoire », ce dernier insiste sur cette filiation intellectuelle avec la figure morale de la deuxième gauche.

Une manière de sous-entendre que ses liens avec le père des accords de Nouvelle-Calédonie n'étaient pas de la même nature que ceux qui le lient à ses disciples politiques ? « Ceux qui ont connu Rocard au pouvoir ne le connaissaient pas du tout », lâche-t-il ainsi, visant dans un même élan Manuel Valls, Stéphane Fouks et Alain Bauer. Et de continuer, peu amène : « Ce sont des gens qui ne sont pas dans les affaires de l'esprit. Des gens de réseaux qui aiment le pouvoir[1]. » Paf ! Le si gentil Macron sait avoir la dent dure quand il se voit concurrencé. Et d'avouer dans un sourire et avec humour : « Je suis peut-être christique, mais quand on m'en colle une… » On dirait du Audiard et sa fameuse réplique des *Tontons flingueurs* : « Moi, les dingues, je les soigne, je vais lui faire une ordonnance et une sévère. Aux quatre coins de Paris qu'on va le retrouver, éparpillé par petits bouts, façon puzzle. Moi, quand on m'en fait trop, je correctionne plus : je dynamite, je disperse, je ventile. »

Après Henry Hermand qui l'introduit dans Paris et lui met le pied à l'étrier, Emmanuel Macron sera distingué par une kyrielle d'autres parrains plus prestigieux les uns que les autres. Il y aura Jean-Pierre Jouyet, Jacques Attali, Jean-Michel Darrois, Serge Weinberg, Alain Minc, David de

---

1. Entretien avec l'auteur, le 9 janvier 2017.

Rothschild, François Henrot et… François Hollande, que l'un de ses conseillers entendra dire un jour : « Emmanuel, c'est le fils que tout le monde aimerait avoir. » Sans imaginer que certains fils, parfois, peuvent aussi avoir envie de tuer le père…

Emmanuel Macron a la paternité sélective. Il choisit bien ses parrains. Pas de quoi constituer une famille nombreuse mais au moins se créer une famille de taille honorable. Avec chacun d'eux, il sait, la pupille dilatée, le regard accroché à celui de l'autre, se présenter comme le parfait interlocuteur. Recueillir les confidences en livrant très peu de lui-même. Il a très bien compris qu'il faut, pour se frayer un chemin, aimer, afficher une mine captivée, concernée. Empathique.

Manipulateur ? Manifestant un intérêt factice ? Certains l'avancent. « Il est compliqué de répondre à cette question, répond un grand patron qui le connaît bien. Il n'est pas, comme Vincent Bolloré, un menteur qui a du charme et auquel on ne peut absolument pas faire confiance. Emmanuel n'est pas bidon. Après, quelle est la frontière entre l'expression de l'affection et la réalité de l'affection, c'est difficile à dire. »

Difficile de dire, en effet, si derrière la façade avenante, l'apparent intérêt pour les autres, Emmanuel Macron n'est pas – comme beaucoup de politiques – un manipulateur jovial, sentimental, doué dans l'art des sincérités successives. Jean Peyrelevade, ancien président du Crédit Lyonnais, proche de François Bayrou, qui a soutenu Emmanuel Macron au début avant de s'en éloigner, n'a pas apprécié que l'ancien secrétaire général adjoint de l'Élysée, interrogé à la télé, mette sur

« le plan du sentimentalisme déçu ce qui relevait de la pure analyse politique. J'ai été choqué. C'est comme si Macron ne pouvait analyser les rapports aux autres qu'en termes affectifs et de séduction ».

En tout cas, comme Jacques Chirac sut très bien, en son temps, s'attirer la fidélité de certains proches en jouant la carte de l'amour filial les yeux dans les yeux, ou en usant de la corde sentimentale, Macron semble sacrément doué pour ce type d'exercice. Et cela ne fait pas de doute : son talent en la matière est indéniable. Il arrive à plaire sans que cela soit voyant. En déployant une gentillesse à toute épreuve, une bienveillance et une écoute rares, en faisant montre aussi d'une qualité assez peu répandue : « L'art du colloque singulier », comme le résume François Henrot, cette capacité à convaincre, à séduire un interlocuteur. En le regardant au fond des yeux, comme si la conversation en cours était ce qu'il y a de plus important au monde. Comme si le temps n'avait aucune importance, que les minutes pouvaient s'étendre. Le rendez-vous initialement prévu pour durer quinze ou trente minutes s'étire finalement sur quarante-cinq minutes, une heure, voire deux. Non, franchement, on n'est pas à cinq minutes près lorsqu'une conversation passionnante se noue.

François Henrot, l'un de ses « grands frères » ayant milité en faveur de son recrutement chez Rothschild, relève « sa capacité d'écoute très inhabituelle dans la corporation des inspecteurs des finances ». Et de poursuivre : « Ceux qui ne considèrent pas qu'il n'y a qu'une vérité sont rares. Et ceux qui donnent la réelle impression à l'autre que son opinion est aussi importante que la leur se comptent sur les doigts d'une main[1]. »

Le vice-président de Rothschild poursuit finement : « Qu'il ait avec tout le monde un pouvoir de séduction intense, c'est indiscutable. Mais ce n'est pas une séduction instrumentale, elle est naturelle. Il fait partie des gens qui irradient quelque chose à 360 degrés et qui sont adorés de tous sans distinction d'âge, de genre, de niveau, d'éducation ou de fortune. » Une spécificité que ce fils de médecins avait donc avant même d'entrer en politique, note Henrot, qui se souvient en souriant que, lorsqu'il a salué l'huissier à l'entrée de la banque et lui a présenté ses vœux, ce dernier lui a répondu : « Ah, monsieur Henrot, vous savez, il n'y a que trois personnes qui m'ont toujours dit bonjour et souhaité des vœux, c'est monsieur David [David de Rothschild], vous et monsieur Macron. »

Finalement, avec son air candide et innocent, le jeune Macron n'aurait-il pas mis sur pied très tôt un vaste système de clientélisme ? Une manière, en embrassant la terre entière, d'espérer en retour des faveurs ? Là encore, François Henrot défend son poulain : « Non, ce n'est pas du clientélisme parce qu'on n'obtient rien de lui. Je peux dire que pas un seul de tous les collègues ayant eu à traiter avec l'appareil d'État n'a obtenu le début du commencement d'un traitement spécifique. Qui dit clientélisme dit distribution de faveurs, or il n'est pas du tout dans ce système. Il n'y a pas eu un mandat donné par l'État, pas un, quand il

---

1. Entretien avec l'auteur, le 26 janvier 2017.

était à l'Élysée, pour Rothschild ; de même il n'y a pas eu une faveur dans l'une des affaires dont on avait à s'occuper. »

Afin d'étayer ses propos, le banquier rappelle que, bien que sachant que Rothschild conseillait Martin Bouygues et était très motivé pour faire réussir l'opération de consolidation des télécoms autour d'Orange, cela n'a pas empêché celui qui était alors secrétaire général adjoint de l'Élysée de poser toute une série d'exigences qui, finalement, ont fait capoter l'opération.

François Henrot n'est pas le seul, loin de là, à avoir été bluffé par Emmanuel Macron. Les témoignages de patrons ou de chefs d'entreprise sous son charme sont légion.

C'est Marc Simoncini, qui envoie un mail avec ces quelques mots : « Je ne pense pas avoir grand-chose à vous raconter, j'ai passé très peu de temps avec Emmanuel mais c'est un peu comme si vous me demandiez de raconter une histoire d'amour le lendemain du coup de foudre. » C'est Xavier Niel qui, oubliant que dans l'affaire du *Monde* Macron était « le méchant » (il conseillait le camp d'en face), noue des liens amicaux avec le jeune banquier de Rothschild auquel, devenu ministre, il présente le gratin des patrons de la tech, et relève : « Sa force c'est d'être copain avec tout le monde[1]. »

On pourrait écrire des pages et des pages de témoignages en ce sens. Les personnages souvent importants ne tarissant pas d'éloges sur l'ancien ministre sont nombreux. Ils citent son empathie,

---

1. Entretien avec l'auteur, le 6 janvier 2017.

incroyable, son don d'aller vers les autres, d'être à l'écoute, toujours à l'écoute – ce qui présente l'avantage notable de pouvoir ne pas se dévoiler. Ils évoquent sa spontanéité, son côté naturel.

David de Rothschild a, par exemple, apprécié son intelligence et son charme. « Il y a quelque chose dans sa personnalité d'incontestablement attachant, dit-il. Il n'est pas dépourvu d'affect et, finalement, dans la sphère politique, c'est souvent masqué. » Et d'ajouter : « Dans la vie quotidienne au sein d'une maison de 700 personnes qui n'est pas la nation française, il fait ce qui est normal et que beaucoup de gens ne font pas : il dit bonjour aux secrétaires, demande comment elles vont, les embrasse. Quand vous lui parlez, il vous regarde, est capable de montrer de la tendresse, a de l'empathie. C'est une qualité dans une vie collective. Il a un rapport à l'autre[1]. »

L'avocat Jean-Michel Darrois, grâce auquel Emmanuel Macron a pu obtenir son plus gros « deal » chez Rothschild, celui de Nestlé, relève : « Il est différent des autres ; on sent chez lui quelque chose de spécifique, il est à l'écoute. » Avant de préciser, pas dupe : « On se disait souvent avec Serge [Weinberg] et Alain [Minc] qu'il exerçait un pouvoir de séduction particulier sur les vieux messieurs... c'était très clair. D'ailleurs, un autre qui a été séduit par lui, c'est Brabeck [le P.-D.G. de Nestlé]. »

De son côté, Serge Weinberg, qui n'est pas né non plus de la dernière pluie, sourit, confortablement calé dans le fauteuil de son grand bureau chez Sanofi. Voix douce, œil pétillant, il

_____
1. Entretien avec l'auteur, le 24 janvier 2017.

le reconnaît : quand il a rencontré Macron pour la première fois, à la commission Attali, il l'a jugé comme « un type hors norme ».

« J'ai rencontré beaucoup de "technos" au cours de ma vie, précise-t-il. Souvent, ils ne sont pas très conceptuels. Mais lui, par sa personnalité, par sa dimension très empathique, peut réunir, dans le même temps, une capacité conceptuelle et une grande capacité à rentrer dans le détail technique d'un problème même si cela peut paraître contradictoire[1]. » Les deux hommes sont devenus « assez copains, même très copains » ; et quand s'est posée la question de son avenir professionnel, Weinberg a appelé David et François Henrot pour leur conseiller de rencontrer ce jeune garçon prometteur dont il a loué « la ductilité d'esprit, le liant qui permet de réussir dans ce métier ». Quelques années plus tard, c'est donc tout naturellement à Serge Weinberg et à Jean-Michel Darrois que Macron a confié en premier qu'il allait créer son mouvement politique En Marche ! « C'est mon côté Tonton, je suis le vieil oncle ! » s'amuse l'ancien conseiller de Fabius. L'annonce eut lieu lors d'un dîner « pas du tout solennel », auquel assistaient également Brigitte Macron, Félicité Herzog et Bettina Rheims, épouses respectives de Serge Weinberg et Jean-Michel Darrois.

Weinberg le reconnaît : à l'époque, alors que Macron n'est pas très précis sur l'étape suivante, lui-même n'est pas immédiatement convaincu. Et soulève toute une série d'interrogations. Mais il est frappé, à ce moment-là, « par la profonde confiance qu'Emmanuel avait en lui-même.

---

1. Entretien avec l'auteur, le 9 janvier 2017.

J'ai senti alors, au-delà de l'échange que nous avions, une conviction puissante qui balayait en réalité toutes les interrogations ponctuelles ». Une sorte d'aveuglement ? « La frontière est très ténue. Il faut beaucoup de détermination, une inébranlable confiance en soi qui n'est pas du domaine du rationnel pour se présenter à la présidentielle. »

Avec le temps, les liens avec certains se sont distendus, d'autres sont demeurés, même si, et souvent en off, des interrogations ont surgi. Quand ce ne furent pas de franches déceptions. « Emmanuel a toujours eu des fidélités successives, ou plutôt des infidélités successives », analyse l'un de ses collègues de l'ENA, qui précise « qu'il ne renvoie pas l'ascenseur. Il se sert des gens. Mais ce qui est exceptionnel, c'est que les gens, souvent intelligents, le savent mais se font quand même avoir ! ». Don Juan vous dit-on.

Évidemment, celui qui apparaît le plus objectivement floué, dans ce parcours, dans cette valse des paternités affectives, c'est François Hollande. Un François Hollande dont le tempérament ne serait pas sans similitudes avec celui de son ancien protégé : « affable en apparence, froid et insensible en réalité ». Toujours est-il que le Président a forcément eu la sensation de s'être fait rouler dans la farine. Même si, comme le prouvent les échanges avec Gérard Davet et Fabrice Lhomme, dans *Un président ne devrait pas dire ça*[1], il a mis du temps à s'en rendre compte. Un ami des deux se marre : « J'ai

1. Stock, 2016.

entendu le Président me dire longtemps avant son départ qu'Emmanuel était le fils que tout le monde aimerait avoir. Ce qui s'est passé par la suite a été obligatoirement douloureux pour lui personnellement parce qu'il a eu le sentiment de s'être fait berner. Macron était tellement sympa, joyeux... Il n'a pas pensé que l'autre était en train de lui piquer sa montre ! »

Un coup d'autant plus dur qu'Emmanuel Macron, plus que Manuel Valls, est finalement celui qui a porté le coup le plus fatal : en étant candidat, quel que soit son score final, il a quasiment empêché mathématiquement la gauche de se retrouver au second tour.

Le chef de l'État s'est peut-être senti plus fort que lui. « Comme d'autres, il a dû se dire "putain, il m'a baisé aussi !". Il faut en effet savoir qu'Emmanuel, quand tu lui donnes une opportunité, il ne la laisse pas passer. »

Et chaque fois, note un observateur amusé, avec pratiquement tous ses parrains ou pères s'est déroulé le même processus : dans un premier temps, ceux-ci étaient fiers que leur poulain réussisse dans la vie parisienne, dans un second temps ils se rendaient compte que le Rastignac s'était servi d'eux et que « le maître n'était pas celui qu'on pensait ». Chaque fois, ces honorables personnalités sont « allées vers Emmanuel qui ne leur a jamais menti mais qui a été sous-estimé par eux ».

Un financier, attiré par la tentative d'Emmanuel Macron d'incarner une gauche progressiste avant de prendre ses distances suite à son premier meeting de la Mutualité – « un discours magnifique mais complètement creux » –, a été frappé par la méthode Macron. « D'abord, il y a une phase intense de séduction, avec un côté plus que familier, comme si nous étions intimes, des mails signés d'un "bises", analyse-t-il. Puis l'impression que le poids de la séduction lui permet d'éviter un discours rationnel, de dire ce qu'il pense, arrive. Il dit oui, il dit non, mais il ne déroule pas une pensée articulée, ni une vision d'ensemble, se contentant de parler de l'étape d'après. »

À entendre ce déçu, l'attention aux autres est encore le meilleur moyen qu'a trouvé l'ancien ministre, « perdu dans la sublimation de lui-même », pour avancer masqué.

Emmanuel Macron – qui a eu, au début de sa campagne, l'audace incroyable de se présenter comme un candidat anti-système – s'est élevé à une vitesse fulgurante grâce au « système ». Celui de la haute fonction publique, puis de la finance. « C'est le système qui l'a poussé, par un mécanisme d'ascension républicaine, par une espèce de compagnonnage qui fait qu'il repère et pousse en avant les meilleurs », assure un grand patron. « Ces systèmes, je m'y suis imposé par le travail et je n'y suis pas resté. Une fois que je les avais compris, je ne m'y suis pas installé. Je n'ai jamais accepté le confort d'un système[1] », argue Emmanuel Macron en rappelant que, quand il quitte Rothschild, il « lâche tout ce qu'il a » pour aller à l'Élysée. Tout comme lorsqu'il quitte l'Élysée sans rien demander en juin 2014, avant d'être nommé, le 26 août, ministre de l'Économie.

---

1. Entretien avec l'auteur, le 28 février 2017.

Soit. Qui de l'œuf ou de la poule ? En tout cas, ce qui est sûr, c'est qu'une poignée de représentants ô combien symboliques du fameux système à la française, d'influents et discrets acteurs de la nomenklatura française ont eu un rôle déterminant dans l'ascension éclair du jeune homme.

8

Scènes de famille,
l'enfant du système Jean-Pierre,
Jacques, Alain et David

Des parrains, dans sa carrière bancaire comme en politique, Emmanuel Macron en a eu plusieurs. Mais trois méritent que l'on s'attarde sur eux et la façon dont le jeune impétrant les a rencontrés, envoûtés et, parfois, laissés au bord de la route. Rencontres aussi instructives que passionnées et… désabusées.

Ah ! Jean-Pierre, l'ineffable, l'affable Jean-Pierre Jouyet. En pénitence dans son palais de l'Élysée. Le grand chambellan a vécu la fin du quinquennat de son ami François aux oubliettes. Ou presque. En résidence surveillée. Comme le début du quinquennat, d'ailleurs. À l'époque, en 2012, « coupable » d'avoir accepté d'être le secrétaire d'État aux affaires européennes sous Nicolas Sarkozy, il avait dû passer par un sas de décontamination à la Caisse des Dépôts mais était parvenu à placer son poulain Emmanuel Macron comme secrétaire général adjoint de l'Élysée, avant d'être nommé lui-même secrétaire général, deux ans plus tard, en avril 2014.

Trop bavard, Jean-Pierre. Trop aimable. Trop cash. À la fois roué, au fait de toutes les intrigues de la République, de tous les tours de passe-passe du grand capital et... trop naïf. Un peu Candide même, Jean-Pierre, le tactile, le sensible, l'affectif. Le chrétien qui s'assume et a vécu douloureusement l'épisode du mariage pour tous. Trop bavard aussi, cet ancien de la fameuse promotion Voltaire (celle de Hollande, Royal, Villepin...) qui s'est retrouvé embourbé pour des confidences faites à deux journalistes du *Monde* à propos d'un déjeuner avec François Fillon au cours duquel ce dernier lui aurait demandé d'accélérer les procédures judiciaires à l'encontre de Nicolas Sarkozy... Des paroles qui lui ont valu d'être à nouveau mis en quarantaine, « interdit » de journalistes, son téléphone portable supprimé.

Un spécimen, ce Jean-Pierre Jouyet. Une bonne nature, fan de foot, de chanson française et de bonne chère, passé, après Sciences-Po, l'ENA et l'Inspection des finances, par des fonctions prestigieuses (la direction du Trésor, l'un des postes les plus enviés de la République, celle de l'Autorité des marchés financiers [AMF], puis de la Caisse des Dépôts), qui n'aime rien tant que les dîners avec des amis choisis et son épouse Brigitte. Une femme de tête, elle aussi, ancienne P.-D.G. des parfums Annick Goutal devenue directrice de la stratégie de Sciences-Po. Une nature généreuse et de bonne famille, une Taittinger, cousine de Christophe de Margerie.

Ce qui explique que Jean-Pierre, le meilleur ami du président de la République qui voulait dompter la finance, se trouvait au premier rang, le 27 octobre 2015, à l'église Saint-Sulpice, lors des funérailles de l'ancien P.-D.G. de Total et qu'il y a prononcé un discours ému rendant hommage à ce dirigeant atypique, à cet ogre souriant, direct, tutoyant et ondoyant, qui regardait avec amusement et sans illusion les ronds de jambes de certains face aux puissants. Elle l'aurait fait rire, cette assemblée, Christophe de Margerie ! N'était-elle pas un vrai concentré du pouvoir ? Politique, économique, de droite, de gauche. Composée de gens qui se rudoient parfois en public mais se tutoient en privé lorsqu'ils se retrouvent aux dîners du Siècle ou aux soirées de l'AROP à l'Opéra. Martin Bouygues, Serge Weinberg, Clara Gaymard, Alexandre Bompard, Arnaud Montebourg, Rachida Dati, Yamina Benguigi… des personnes que Jouyet connaît toutes. A toutes aidées à un moment ou à un autre. Toujours au carrefour de tout. À l'affût des talents.

Lorsque nous le rencontrons en ce jour de janvier 2017, alors que la veille *Le Canard enchaîné* vient de consacrer un article qui a mis le feu aux poudres du camp Fillon (« Pour Fillon Pénélope est un bon filon »), Jouyet se révèle d'humeur badine. « Il y a de l'actualité, c'est fou ce qui se passe en ce moment », dit-il d'un air gourmand[1]. Il reçoit à déjeuner au premier étage du palais présidentiel, dans un petit salon tristounet où trônent une photo de François Hollande et quelques décorations florales flottantes déprimantes. Au menu, maquereau aux petits aromates, lotte rôtie, purée de légumes et Finger caramel ivoire.

---

1. Entretien avec l'auteur, le 26 janvier 2017.

Emmanuel, il le connaît bien. Très bien même. Il a été de tout temps, hormis une petite période de glaciation après sa démission du gouvernement, l'un de ses plus fervents soutiens. Il l'a poussé au côté de François Hollande et a encouragé son ami le président à le faire travailler pour lui. L'a présenté à beaucoup de monde, notamment lors des fameux dîners organisés à la bonne franquette dans son appartement du 16e arrondissement de Paris, tout près de Saint-Jean-de-Passy, où ont défilé François Hollande et Valérie, puis Hollande et Julie, mais aussi Serge Weinberg, Charles-Henri Filippi, Alexandre Bompard, Martin Hirsch et tant d'autres.

« Emmanuel », Jouyet l'a repéré depuis quelque temps déjà et l'ancien ministre de l'Économie lui doit probablement autant qu'à Jacques Attali dans sa promotion éclair.

Jouyet fait la connaissance du jeune Macron alors que lui-même est à la tête de la puissante administration, chef du service de l'Inspection générale des finances. Le cœur du réacteur du pouvoir. Le corps d'élite de la nation qui a vu passer entre autres Valéry Giscard d'Estaing, Alain Juppé, Jean-Marie Messier, Henri de Castries (l'ancien P.-D.G. d'AXA qui a rejoint les équipes de François Fillon). Une distinction qui vaut bien plus qu'une rosette au veston et transcende les clivages partisans. En être ou pas, pour ces fonctionnaires d'élite, là est la question. On est en tout cas bien loin des aspirations littéraires et philosophiques du jeune Macron qui rêvait d'être écrivain.

Jean-Pierre Jouyet se souvient : « Il y avait trois-quatre personnes qui m'avaient sauté aux yeux, que j'avais trouvées extrêmement brillantes : Alexandre Bompard, Marguerite Bérard, Sébastien Proto et Emmanuel Macron. » Des jeunes gens, beaux, à la tête bien faite, qui ont consacré des heures et des heures de travail afin d'assouvir leur ambition et qui se sont tous, cursus traditionnel en France, servi de la fonction publique et d'un passage en cabinet ministériel pour dynamiser une carrière dans le secteur privé.

Alexandre Bompard (promotion Cyrano de Bergerac 1999), devenu inspecteur des finances en 2002, a ainsi été conseiller technique au cabinet de François Fillon, ministre des Affaires sociales et du Travail, avant d'entrer à Canal + en 2004, puis de devenir P.-D.G. d'Europe 1 en 2008 et de prendre la présidence de la Fnac en 2011.

Marguerite Bérard, issue première du classement de l'ENA de la promotion Sédar Senghor, également diplômée de Princeton, fut conseiller à l'Élysée sous Sarkozy (entre 2007 et 2010), puis dirigea le cabinet du ministre du Travail, de l'Emploi et de la Protection sociale jusqu'en 2012, avant de devenir directeur général du groupe BPCE.

Quant à Sébastien Proto, surnommé par certains « le Macron de droite », entré major au concours de l'ENA et sorti deuxième (il est issu lui aussi de la promotion Sédar Senghor), il a travaillé sur le programme économique de Sarkozy en 2007 et 2012, a été directeur de cabinet d'Éric Woerth et de Valérie Pécresse, au budget. Il a ensuite été engagé comme gérant de la banque Rothschild & Cie, où il a retrouvé Emmanuel Macron. Après la défaite de Nicolas Sarkozy, en 2012, il est retourné chez Rothschild comme associé-gérant.

Emmanuel Macron le « littéraire », l'admirateur de Paul Ricœur, ne dépare pas dans cet univers, si ce n'est qu'il a, relève Jouyet, « un caractère amical, original, allant toujours vite, intellectuel aussi avec des goûts extrêmement variés », sans parler de sa fameuse « empathie ».

Jean-Pierre Jouyet qui, comme chef du service de l'Inspection distribue des rapports aux jeunes inspecteurs avec lesquels il travaille en liaison étroite (« Tu reçois leurs rapports, tu leur corriges, ils viennent te voir pour, ce que j'aime, avoir tes conseils sur la suite de leurs carrières »), fait de cette manière la connaissance d'Emmanuel Macron, avec lequel il s'entend tout de suite très bien. Il le choisit donc comme chargé de mission. « Un poste toujours dévolu à un jeune qui travaille de manière très proche avec le chef. » Nous sommes en 2007. Les deux hommes s'entendent à merveille. Emmanuel invite l'ancien directeur de cabinet adjoint de Lionel Jospin à son mariage (mais il ne peut s'y rendre). Ils parlent politique, littérature, mais partagent aussi un goût commun pour la variété. L'un et l'autre aimant la bonne vieille chanson française. Jouyet a écrit un livre, *Nous les avons tant aimés*[1], où il dresse les portraits en chansons de toute une génération politique, la sienne. Macron a des goûts de vieux en la matière. Il aime Léo Ferré (comme Hollande), Brassens mais aussi Claude François. Et il leur arrive, lors de séminaires à l'Inspection, d'entonner des refrains ensemble. « On ne le souligne pas assez, relève Jouyet, Emmanuel est un bon vivant, il mange bien, il boit bien. » Sous-entendu, il n'est

_____

1. Robert Laffont, 2010.

pas comme un autre banquier d'affaires, qui a écrit avant lui un livre titré *Révolutions*[1] et a aussi tâté de la politique : Matthieu Pigasse, le directeur de Lazard France, qui surveille sa ligne au haricot près en écoutant du rock alternatif… « Emmanuel est quelqu'un qui faisait les choses sérieusement sans se prendre au sérieux », résume-t-il.

Il arrive donc que ces deux-là se retrouvent autour d'un verre de whisky, voire sur un terrain de foot où, selon Jean-Pierre Jouyet, celui qui n'est pas encore candidat à la présidentielle « ne fait pas du foot de jeune fille ». Tout comme au tennis où « il ne donne pas sa part au chat non plus. Il est battant », assure le mentor. Bref, les deux hommes tissent des liens étroits. Quand Jean-Pierre perd sa mère, Macron, qui a lui-même été affecté par la mort de sa grand-mère à peu près à la même époque, lui envoie « un très beau livre de Roland Barthes sur le souvenir et la mort ».

Les deux hommes discutent aussi religion et sont proches par le réseau invisible liant ceux qui ont fréquenté les écoles privées catholiques. « C'était un autre truc qui nous rapprochait, le côté chrétien. Avec sa femme aussi », reconnaît Jouyet. Dans la grande famille recomposée Jouyet-Taittinger, certains enfants ne sont-ils pas élèves de Franklin où enseigne Brigitte Macron et où elle est très populaire ?

La politique ? Ils en parlent, bien sûr, mais quand il est encore à l'Inspection, l'ancien directeur du Trésor ne perçoit pas d'ambition farouche chez son protégé. Ou alors il la cache bien. En

---

1. Plon, 2012.

2009, alors que le jeune Macron est plus proche de Laurent Fabius et pense se présenter dans les Hautes-Pyrénées (le département de sa grand-mère), Jouyet attire l'attention de son protégé lorsqu'il le voit à un dîner chez Serge Weinberg : « Je lui ai dit : "Fabius ne sera pas candidat. Tu sais, il y a un type que tu devrais regarder quand même, parce qu'il a des chances, c'est François Hollande." »

Toujours prêt à rendre service et à huiler les rouages, Jean-Pierre en parle à « François » et organise un dîner chez lui où Macron vient avec sa femme, Brigitte. Sont également présents, croit se souvenir Jouyet, Alexandre Bompard, Charles-Henri Filippi. En réalité, les deux hommes se sont déjà croisés une fois chez Jacques Attali, lors d'un dîner au domicile de l'ancien conseiller de François Mitterrand, à Neuilly, en 2008. Mais c'est à partir de cette époque, en 2010, dans le cadre de la campagne des primaires citoyennes de gauche, et grâce au coup de pouce de Jean-Pierre Jouyet, que Macron prend sa place dans l'univers de François Hollande. Il anime un petit groupe d'économistes se réunissant régulièrement à La Rotonde, parmi lesquels se trouvent Philippe Aghion, Élie Cohen, Gilbert Cette, mais encore Sandrine Duchêne ou Jean Pisani-Ferry qui a rejoint plus tard En Marche !

Comme le relate Marc Endeweld dans *L'Ambigu Monsieur Macron*, le jeune inspecteur des finances devenu banquier chez Rothschild fait également partie de ceux qui vont rassurer les investisseurs internationaux après le fameux discours de François Hollande du Bourget, le 22 janvier 2012, où le candidat socialiste désigne la finance comme son

« véritable adversaire ». Il se rend notamment à Londres pour apaiser les financiers et leur expliquer que la taxe à 75 % sur les revenus supérieurs à un million d'euros annoncée, « risquée du point de vue économique », pourrait être « indolore » grâce à des niches.

Mais tout ça, c'était avant. Avant que François Hollande soit le vainqueur de 2012.

Au lendemain de l'élection, Jouyet vient rue Cauchy, dans l'appartement du 15e arrondissement qu'habite le nouvel élu avec Valérie Trierweiler, pour discuter de l'organigramme de l'Élysée avec le futur secrétaire général, Pierre-René Lemas. Évidemment, Jouyet dit à « François » : « "Pour l'Économie, il faut absolument que tu prennes Emmanuel." François était d'accord. » Grâce à son appui, le jeune Macron au sourire d'ange entre donc dans la bergerie. Par la suite, Jouyet militera avec Manuel Valls pour que son protégé devienne ministre du Budget du gouvernement Valls 1 (ce que Hollande refusera), puis, suite au départ d'Arnaud Montebourg, pour qu'il soit désigné ministre de l'Économie du gouvernement Valls 2. Il n'est qu'à se souvenir du sourire du secrétaire général de l'Élysée, sur le perron du palais présidentiel, en lisant le nom de son dauphin à cette fonction éminente pour le savoir sincèrement content de cette nomination.

Évidemment, quand aujourd'hui il se remémore ces appuis, ces coups de pouce, Jouyet a forcément un petit pincement au cœur. Mais il est sentimental, Jean-Pierre. Un gentil. Après la distance imposée, dans un premier temps, par le départ du gouvernement d'Emmanuel Macron, en août 2016, il a renoué les liens avec son protégé. Et, alors que sa fille qui détestait jusqu'alors la politique s'est rendue à un meeting de Macron et en est revenue conquise (elle lui a dit : « Papa, j'ai pleuré »), sa femme et lui sont allés dormir dans la maison du Touquet d'Emmanuel et Brigitte, en décembre 2016, alors qu'ils avaient un mariage dans la région. Un mois après la déclaration de candidature à la présidentielle de l'ancien ministre.

« Je crois qu'on a été amis », dit Jean-Pierre Jouyet, avant de se reprendre : « Je crois qu'on est amis. » Mais quand certains lui ont déclaré : « Jean-Pierre, tu t'es fait avoir comme un bleu ! » il n'a pas protesté. A souri un peu tristement. Tellement sentimental, Jean-Pierre Jouyet, on ne le refera pas.

Chez Jacques Attali, autre parrain un peu floué, qui se définit lui aussi comme « un grand frère » capable de rudoyer parfois son cadet, le désamour ou la prise de distance envers Emmanuel Macron ne s'expriment pas de la même façon.

« Emmanuel Macron ? C'est moi qui l'ai repéré. C'est même moi qui l'ai inventé. Totalement. À partir du moment où je l'ai mis rapporteur d'une commission où il y avait Tout-Paris et le monde entier et où je ne l'ai pas éteint, il s'est fait connaître. C'est la réalité objective », dit-il à propos de ce pur enfant du système qui, à ses yeux, « produit aussi des élites légitimes »[1].

Il a dit ça d'une traite, Jacques Attali. De son débit saccadé si particulier. Avec les mots qui se

---

1. Entretien avec l'auteur, le 26 janvier 2017.

bousculent, comme s'ils peinaient à exprimer aussi vite que lui-même le souhaiterait ses pensées fulgurantes. Comme si ce « marginal sécant » avait du mal à mettre au pas ses « connexions synaptiques qui n'existent pas chez tout le monde », pour reprendre la formule d'Emmanuel Macron, bon fils de neurologue, le concernant. Oui, c'est clair, à soixante-douze ans, et mille et une vies à son actif, Jacques Attali, auteur d'*Histoires du temps*[1], sait mieux qu'un autre combien le temps – et singulièrement le sien – est précieux. Il est comme ça Attali, rugueux. Veut aller à l'essentiel, *right to the point*. Et il aime que l'on ait conscience qu'il tutoie l'Olympe et ses représentants.

Mais bon, même s'il a eu des mots sévères envers son poulain, lui reprochant successivement son « vide », son narcissisme ou son manque de vision du monde – « il n'a pas de "weltanschauung" », dit-il –, il tient à mettre les choses au clair : Emmanuel Macron est « sa » créature. Sans lui, assure-t-il, il n'aurait pas pu en un temps aussi record en arriver là, quelles que soient ses qualités. Qualités, répète-t-il, qu'il est le premier à avoir décelées. N'avait-il pas déclaré, et avant même que Macron soit ministre, qu'il avait l'étoffe d'un président de la République ? Et de commenter, toute modestie bue : « Vous savez, cela ne serait que le quatrième. François Mitterrand, je ne l'ai pas inventé mais j'ai été son directeur de cabinet en 1974, Ségolène était mon assistante, François [Hollande] était mon assistant et Manuel aussi... c'est assez rigolo. » Avant de partir dans un petit rire saccadé, en sirotant sa tasse de thé vert, dans

---

1. Fayard, 1982.

une salle de réunion de ses bureaux situés avenue de Messine, à quelques mètres des locaux de la banque Rothschild...

C'est exact : la commission Attali pour la libération de la croissance – la « commission Macron » a dit un jour dans un lapsus un journaliste à la secrétaire d'Attali – a ouvert bien des portes au jeune homme. Il n'en était que le rapporteur adjoint (le rapporteur était Josseline de Clausade), mais ce fut indéniablement un accélérateur de carrière.

Installée par Nicolas Sarkozy, en août 2007, dans la foulée de son élection, et composée de membres de droite comme de gauche, la commission est une ébauche de ce qui sera finalement En Marche ! : un rassemblement de progressistes de bonne volonté dont certaines propositions inspireront le candidat Macron. En assurant à l'époque l'intérim de l'Inspection générale des finances, après le départ de Jean-Pierre Jouyet au gouvernement Fillon (comme secrétaire d'État aux Affaires européennes), cette commission dans laquelle le jeune Macron déploie toutes ses qualités de rigueur, de synthèse mais aussi de bonne humeur lui permet de se constituer un carnet d'adresses en or massif. Il y rencontre en effet Serge Weinberg, le président de Sanofi, son ami le célèbre avocat d'affaires Jean-Michel Darrois, qui deviennent des proches. Il y fait la connaissance de Jean Kaspar, l'ex-secrétaire général de la CFDT, mais aussi, comme le relate *Les Échos Week-end* du 27 janvier 2017 dans un article d'Elsa Freyssenet et Nathalie Silbert titré « Macron, la première marche », Claude Bébéar (AXA), Anne

Lauvergeon, à l'époque encore présidente d'Areva, Stéphane Boujnah, le P.-D.G. d'Euronext qui lui a présenté Christian Dargnat en charge, pendant la campagne présidentielle, de recueillir des fonds pour le candidat. « Tous ceux qu'il a connus par moi étaient dans la commission », insiste Jacques Attali, et notamment Peter Brabeck, le président de Nestlé. Ce dernier lui permettra quelques mois plus tard, et alors que Macron est devenu banquier chez Rothschild, de réaliser un gros deal sur la nutrition infantile. Pas dupe, il confiera drôlement aux *Échos* : Emmanuel Macron « vous regardait dans les yeux comme si sa vie entière s'était écoulée dans le seul objectif de permettre cette conversation avec vous ».

Visiblement, même s'il peut se montrer vachard, Jacques Attali a été conquis par l'énarque, pourtant il semble regretter de s'être un peu fait voler la vedette, d'avoir été flouté sur la photo de famille. Pour ne pas dire floué. Il remet donc les pendules à l'heure : « Emmanuel Macron a joué un rôle exceptionnel mais un rôle technique, de compétence, de direction des équipes. Il a assuré la coordination. » Soit. Et ne sentait-il pas poindre, déjà, les petites canines de l'ambitieux ? « Pas du tout, assure Attali qui reprend sa rengaine : c'est moi qui l'ai pris dans la commission, c'est moi qui l'ai présenté aux autres, à François [Hollande], il ne me l'a pas demandé. Et j'ai beaucoup, beaucoup tanné François pour qu'il en fasse un ministre, ce qu'il n'a pas voulu. »

Aussi sévère soit-il quand Emmanuel Macron le déçoit, Jacques Attali réitère ses premières impressions et ne tarit pas d'éloges « sur la ductilité, la compétence extrême, la grande clarté, la sûreté du jugement et la volonté de faire, d'aller dans le concret » qu'a démontrées en 2007 le jeune inspecteur des finances, devenu un ami. Il se souvient ainsi d'avoir travaillé avec lui des nuits entières sur un sujet qui lui tenait particulièrement à cœur : la formation des chômeurs. « Et j'ai rarement travaillé avec quelqu'un d'aussi compétent, soucieux de faire les choses et sans flagornerie. » On l'interroge sur ce narcissisme qu'il a lui-même dénoncé et que l'on retrouve chez certains dirigeants. « Chez François Mitterrand, il était fondé sur une immense culture, un projet de société, une vision du monde, raconte-t-il. Ce narcissisme était anecdotique au regard du reste. Quand le narcissisme est l'essentiel et non un effet secondaire, quand il y a la photo de *Paris Match* et pas le projet, en revanche cela devient un problème, essentiel. Moi j'attends le projet. Je lui ai dit à plusieurs reprises. »

Quant à cette impression que Macron se croit en mission, pense avoir un destin qui le dépasse, son « grand frère », là encore, ne se montre pas vraiment amène. « Le sentiment d'avoir un destin ? Oui, mais comme une évidence. Comme on pourrait dire d'un enfant gâté. Si l'on prend le caractère extrême, on pourrait dire "tout m'est dû". Tellement tout m'est dû que je ne fais rien pour l'avoir. Encore une fois, c'est moi qui suis allé le chercher. Et c'est vrai que je lui ai dit tout de suite qu'il avait l'étoffe d'un président. » Et qu'a-t-il répondu ? « Je ne sais plus, il est toujours assez humble avec moi. Assez respectueux, déférent même quand je l'engueule. Il n'a jamais dit aucun mot contre moi. »

Dans la sainte trinité des représentants du « système », Alain Minc est un cas à part. Un ludion qui rit autant de la comédie humaine qu'il en vit. Il a vu défiler dans son bureau de l'avenue George-V des générations d'ambitieux, d'énarques, d'égotiques, de grands patrons. Il a participé à l'édification du fameux système. En fait partie. En est même l'incarnation. « Alain Minc, c'est le système », assurent, sourire en coin, certains depuis qu'en 1995 les chiraquiens l'avaient désigné comme l'un des porte-drapeaux éclatants de la pensée unique. Peut-être, mais cet enfant de sang-mêlé, qui n'a jamais renié ses origines, est avant tout un fils de la méritocratie républicaine. Qui a joué des coudes pour en arriver là, devenir l'un des rois de Paris qui tire toutes les ficelles. Qui est doté d'une véritable culture et d'une intelligence analytique au laser... lesquelles, persiflent les mauvaises langues, n'en font pas pour autant un homme d'affaires.

Celui qui, il y a encore quelques années, recevait, pour son anniversaire, tout ce que comptait Paris comme grands patrons, avocats, énarques et futurs stars des affaires, dans une sorte de démonstration de force, a vu, depuis, son étoile un peu pâlir. Il est devenu coutumier de dire que le candidat à la présidentielle que soutient Minc est, en général, celui qui perd ! Une blague qui court depuis qu'en 1995 il avait choisi Édouard Balladur contre Jacques Chirac, coupable à ses yeux de sortir du cercle de la raison. Il n'avait pas tort, Minc, mais Balladur a perdu. Quelques années plus tard, la victoire de Nicolas Sarkozy lui a permis de se refaire une santé, mais il s'en est éloigné avant, une fois encore, de se tromper de postulant en reportant tous ses espoirs sur Alain Juppé, devenu vingt ans plus tard le nouveau champion du cercle de la raison.

Là, donc, en ce mois de janvier 2017, il est un peu embarrassé. Chiffonné. Et en même temps amusé par cette situation inédite, cette redistribution des cartes politiques que personne n'avait vu venir. Ses petits yeux ronds comme des billes se plissent un peu. Il a hésité un temps entre Emmanuel Macron et François Fillon, maintenant que son champion Juppé est hors jeu. Il sourit de ses petites dents, a l'œil qui pétille. Ce qui ne l'empêche pas d'étriller ceux qu'il a aidés à nager dans les eaux troubles du capitalisme français. C'est que c'est plus fort que lui : Minc se damnerait pour un bon mot. Il ne peut s'en empêcher. Il veut toujours en être. Être témoin de la genèse, au courant de ce qui se prépare dans les antichambres du pouvoir, les cuisines de la République. Alors, Macron... évidemment qu'il le connaît, même si celui-ci, tout en jugeant que Minc est « un homme intelligent avec qui il a des échanges amicaux mais pas politiques – je ne suis pas sûr que ce soit un homme de jugement » –, semble vouloir garder ses distances.

Sa première conversation avec lui eut lieu il y a quelques années. Alain Minc l'avait reçu presque rituellement, dans le cadre de la visite d'un jeune inspecteur des finances à un vieil inspecteur des finances. Un classique. Une case à cocher dans l'itinéraire de tout parfait inspecteur. Comme celle du jeune écrivain à son aîné. « Un jeune inspecteur des finances voit Castries pour le secteur privé,

Jouyet pour l'État et moi pour le reste... » raconte-t-il. Et Macron a coché les cases.

Il en a vu d'autres, Minc, mais il se souvient de cette première visite. Notamment parce qu'il pose toujours la même question à ceux qu'il rencontre. Comme une entrée en matière :

« Que serez-vous dans trente ans ? » Et là, la réponse a fusé : « Je serai président de la République. »

« Telles sont les premières paroles que j'ai entendues de ce garçon. Un autre m'avait fait ce genre de phrase, c'est Matthieu Pigasse. Je lui avais dit "avec une réponse pareille...". »

Outre cette manière d'abattre les cartes sans tarder, Alain Minc se souvient que Macron avait autre chose de différent, son mélange extrême de rapidité et de charme. Sans oublier, sourit-il, son savoir-faire « avec les petits vieux. Il est très doué avec les petits vieux. C'est un délice. Jean-Michel [Darrois] a dû vous dire la même chose. Il sait faire ».

Alain Minc, qui dit avoir conseillé à Macron – de même que Weinberg et Darrois –, d'aller chez Rothschild, se souvient avoir été bluffé par une conversation avec lui alors que certains évoquaient sa candidature à Marseille. Lors d'un déjeuner, Minc lui glisse l'idée et Macron répond : « Tu te trompes de monde, ça ne marche plus comme ça. Ce que tu me proposes c'est un itinéraire classique. »

Drôle de réponse pour quelqu'un qui, jusqu'alors, a choisi un itinéraire de l'excellence des plus classiques, voire conformistes, avec parenthèse par la banque d'affaires, terminus des ambitieux.

133

Si on n'y prend garde, on pourrait passer sans le voir. Le siège de la banque Rothschild & Cie se situe rue de Messine. Dans une anse de cette petite artère tranquille du 8e arrondissement située à quelques mètres du parc Monceau et pas très de loin l'Élysée. Rothschild... soit, mais aucune plaque pour le signaler. On s'attend à entrer dans des bureaux feutrés, avec velours rouge, tableaux des ancêtres au mur. On s'attend à trouver de l'opulence, le charme plus ou moins discret de ceux qui ont du bien, sont esthètes et amis des arts depuis des décennies, des siècles. On attend le style Rothschild, quoi... et on arrive dans un hall moderne tout en longueur. Beige. Froid. Dépouillé. En fait, le fameux style Rothschild est plutôt cultivé dans la maison d'en face. Celle d'une autre culture, disent certains, sourire en coin. Manière de tracer une ligne invisible entre les cousins ennemis.

David de Rothschild occupe dans Paris une place à part. Le fils aîné de Guy et Marie-Hélène est respecté non seulement pour la manière dont il a su, après la nationalisation de la banque, en 1981, recréer une banque d'affaires devenue une référence – Lazard –, mais aussi pour l'espèce de magistère moral qu'il exerce sur des générations de financiers. Rothschild demeure une banque particulière qui a toujours mêlé politique et affaires. Elle est la dernière banque familiale dont le nom, plus qu'une marque, relève de la légende.

Un objet de beaucoup de fantasmes aussi. Car, tout comme sa grande concurrente la banque Lazard, c'est un lieu d'influences, au cœur du pouvoir. Soit qu'elle fournisse ses plus brillants sujets à la République, soit qu'elle les accueille une fois leur mission terminée ou suspendue par un revers électoral. Des relations étroites, imbriquées, qui ont vu leur plus éclatante démonstration avec l'avènement à Matignon puis l'élection à la présidence de la République de Georges Pompidou. « Pompidou, de l'écurie Rothschild, gagne le Grand Prix de Matignon », titrait, moqueur, *Le Canard enchaîné* en 1962, pour saluer sa nomination comme Premier ministre du général de Gaulle. Un poulain qui, après avoir été directeur général de la banque entre 1954 et 1958 puis entre 1959 et 1962, demeure à ce jour le meilleur de la maison puisqu'il est devenu chef de l'État.

La nomination d'Emmanuel Macron comme secrétaire général adjoint de l'Élysée, puis ministre de l'Économie, ensuite en course pour la présidentielle de 2017, ne déplaît évidemment pas à la « maison ». Elle prouve, en tout cas, que la tradition se perpétue. Les années passent, les présidents changent, mais le pouvoir de la prestigieuse banque d'affaires – en dehors de la parenthèse qui a suivi 1981 – demeure. Rien d'anormal puisque, comme le résume un associé gérant : « Il est normal que la meilleure maison de banque de Paris attire les meilleurs » et aussi qu'elle fournisse à l'État ses plus brillants éléments.

Emmanuel Macron – qui, lorsqu'il arrive à l'Élysée, occupe l'ancien bureau de François Pérol (ex-directeur de cabinet de Sarkozy à Bercy qui avait rejoint Rothschild en 2004 avant de partir à l'Élysée en 2007) – perpétue donc la tradition. Et si, en 2012, Nicolas Sarkozy avait été réélu, tout porte à penser qu'il aurait enrôlé Sébastien Proto, autre brillant inspecteur des finances passé par les cabinets d'Éric Woerth et Valérie Pécresse, et ancien, lui aussi, on l'a vu, de la fameuse promotion Sédar Senghor de l'ENA.

« David », dans le Tout-Paris, bien peu l'appellent par son prénom et le tutoient. L'homme, délicieux, exquis, ne court pas les dîners mondains ou les galas de bienfaisance. Il ne donne pas non plus, comme le faisait son père Guy, de grands bals. Les temps ont changé. Il s'exprime d'une voix douce, avec un inimitable accent que certains qualifieraient de snob. Courtois, aimable, affable, il reçoit dans son salon où il invite aussi à déjeuner la crème de la crème du CAC 40 mais aussi des hommes politiques, des intellectuels. Il est vraiment charmant, David. « Un *gentleman* », comme le répète, avec nostalgie, Brigitte Macron qui, assure un associé de la banque, aurait clairement préféré que son mari ne quitte pas ce cocon confortable. « Un grand frère », assure Emmanuel Macron – un de plus ! Avec un certain cran, il faut bien le reconnaître, car revendiquer de tels liens avec celui que certains présentent comme le grand Satan, l'incarnation de ce monde de la finance que François Hollande avait un jour de meeting au Bourget assuré vouloir terrasser, c'est hardi.

« Un grand frère ? Il a dit ça ? » interroge et feint de s'étonner David de Rothschild. Avant de témoigner : « J'ai une réelle affection pour lui. En plus, il a eu le courage, reconnaît-il, de ne jamais renier son passage ici, évoquant une expérience qui lui a été très utile et l'a aidé à connaître le monde de l'entreprise[1]. » Comme le dit en souriant Alain Minc, c'est clair : « David est tombé sous le charme de Macron. »

------

1. Entretien avec l'auteur, le 24 janvier 2017.

Préparant un café dans la petite cuisine attenante à son salon-bureau – moderne aussi et sans tableau d'ancêtre mais des photos de son père –, David de Rothschild se prête à l'exercice du questions-réponses. L'œil mi-clos, avec ce regard singulier qu'avait son père et qu'affiche également son frère Édouard. Ayant vu passer dans cette pièce des générations d'ambitieux, de jeunes loups aux dents acérées, de provinciaux avides de conquérir Paris, de puceaux de la politique tout émoustillés de se retrouver dans ce temple de la finance, il sait analyser les hommes et les situations, lui qui a bien connu Georges Pompidou, qui était un ami proche de son père.

Pourquoi Emmanuel Macron décide-t-il, alors que tout, dans sa jeunesse, semblait le pousser vers une carrière littéraire ou intellectuelle, de vivre sa première expérience professionnelle dans la banque d'affaires ? « J'ai eu de la chance, j'avais eu un parcours très peu intelligible, personne ne pouvait le comprendre ailleurs que chez Rothschild », confia-t-il à Martine Orange[1]. Là n'est pas le moindre des paradoxes. D'autant que, lorsqu'il évoque son ancien métier, voire le revendique – comme le 24 février 2017 en affirmant, bravache, sur RMC, une radio qui se veut populaire : « Je suis fier d'avoir un métier entre les mains », ou en ironisant parfois en se dépeignant comme « un salopard de banquier ultra-libéral » –, il n'en fait pas forcément une description des plus flatteuses : « On est comme une sorte de prostituée, le job,

1. *In* Martine Orange, *Rothschild, une banque au pouvoir*, Albin Michel, 2012.

c'est de séduire… », déclare-t-il ainsi au *Wall Street Journal*. Ce qui lui vaudra les protestations d'associations de prostituées !

Séduire, on l'a vu, un sport dans lequel Macron excelle, lui qui envoûterait une chaise. Un descriptif du métier qu'il enrichissait, quelques années plus tôt, de ce commentaire : « Le métier de banquier d'affaires n'est pas très intellectuel. Le mimétisme du milieu sert de guide[1]. »

Les circonstances de son embauche ont été racontées à plusieurs reprises. Et David de Rothschild confirme que le jeune prodige a été recommandé par des « amis proches » de la maison, comme Serge Weinberg, Jean-Michel Darrois, marié à la nièce de David de Rothschild, Bettina Rheims, ou Jacques Attali, qui a longtemps siégé au Fonds social juif unifié, tous ayant été bluffés par ses prestations au sein de la commission Attali. Avec ce message en substance : « Il y a un garçon très remarquable qui se pose la question de savoir s'il ferait un peu de banque d'affaires. Est-ce que tu veux le rencontrer ? »

Dès le premier rendez-vous, confirme David de Rothschild, « comme il est difficile de ne pas mesurer très vite qu'il est intelligent et charmeur, je lui ai dit qu'il fallait absolument qu'il rencontre un certain nombre de mes petits camarades, un nombre d'associés assez important. Et il y a eu un consensus pour qu'il vienne. C'était unanime. Alors il est venu. Ce fut un processus court, fluide et plutôt chaleureux ». Ce que confirment François

---

1. In Martine Orange, *Rothschild, une banque au pouvoir, op. cit.*

Henrot et Grégoire Chertok, lequel a plaidé pour qu'il soit recruté, contrairement à ce qui a été avancé parfois…

« Ensuite on s'est revus, ajoute David de Rothschild, qui assure lui avoir immédiatement parlé de la perspective de devenir, à court terme, associé de la banque. »

Un processus accéléré mais, précise le banquier, Grégoire Chertok a également été associé très jeune, de même que Sébastien Proto.

Lorsque Macron arrive à la banque, il n'a pas de connaissances techniques mais, relève David de Rothschild, « dans nos métiers il y a une nécessité d'un socle technique très important mais aussi l'exigence d'être obsédé ou très, très focalisé sur le commerce. Et certaines personnes, du fait de leur talent, de leur charme, de leur entregent, de leurs études sont habilitées à apprendre très vite le métier sans pour autant maîtriser la technique ». Visiblement, c'est le cas du nouveau, qui exerce ses charmes sur tous et, malgré quelques crocs-en-jambe et petites jalousies naturelles, arrive à rallier derrière son panache jeunes et moins jeunes. Se montrant charmant avec tous, disant bonjour aux secrétaires – on l'a vu –, leur demandant comment elles vont, les embrassant et poussant la délicatesse jusqu'à inviter parmi les premières Simone, la fidèle secrétaire de David de Rothschild, à dîner à Bercy quand il devient ministre.

On s'interroge. Emmanuel Macron, qui a encouragé, devenu ministre, des jeunes à « devenir milliardaires », n'a-t-il pas été grisé de basculer dans ce monde où l'on brasse des milliards et où lui-même gagnait bien mieux sa vie que dans la fonction publique ? Manifestement non. En tout cas, pas au point de le faire passer avant une carrière politique. Si cela avait été le cas, relève David de Rothschild – qui a conservé des relations amicales avec l'ancien ministre, lequel, quand il lui téléphone, demande des nouvelles de son « clebs Baba » –, il serait resté associé, aurait pu vouloir une carrière à la André Meyer, qui fut, chez Lazard une référence de la finance. Mais visiblement, « ce n'était pas le moteur ». À aucun moment non plus, assure-t-il, il n'a pris des poses de petit marquis, s'affichant plus Rothschild que Rothschild en « jouant les dindons » comme certains. Et puis, ajoute, sourire en coin, David de Rothschild, ce n'est pas la culture de la banque. Comme il prévient ceux qui veulent travailler au sein de son entreprise : « Si vous voulez un job de pouvoir et pas de serviteur, vous vous trompez de maison. Il y a serviteur et serviteur… mais si vous n'appréciez pas, ne savourez pas l'influence au second degré du *consigliere* capable de garder les secrets, qui a accès à la pensée de beaucoup de gens dans nombre de sphères, si vous ne comprenez pas que, pour certains, c'est beaucoup plus voluptueux que d'être à la tête de grands établissements, alors ne venez pas ! »

Emmanuel Macron, ajoute David de Rothschild, a travaillé, appris, vu les jeunes, a été impliqué dans des tas d'affaires, et durant ses premières années pas toujours comme numéro un. « Il était loin de gagner les sommes des banquiers qui ont dix ans de maison. C'est l'année de son départ, en 2012, que Macron a fait son gros deal. »

Le deal en question, c'est celui qu'il a apporté à la banque en permettant à Nestlé de racheter la division nutrition infantile de Pfizer pour 11,9 milliards de dollars, face à Danone. Un contrat qu'il a pu conclure, mi-avril 2012, grâce aux liens qu'il avait noués avec Brabeck, « incontestablement un admirateur d'Emmanuel », et ce tout en planchant sur le programme économique de François Hollande fournissant force notes de synthèse aux proches du futur président.

Une activité dont il avait évidemment informé David de Rothschild, qui comprend alors très vite que si le socialiste est élu, il prendra à ses côtés ce si brillant collaborateur. « Il n'y avait pas de débat, raconte-t-il pour l'avoir vécu avec François Pérol. Quand quelqu'un est dans l'intimité d'un présidentiable, si celui-ci est élu, il part. » Et d'ajouter : « Pour moi, et compte tenu de sa relation avec François Hollande, il me paraissait inscrit qu'il aille à l'Élysée. » Visiblement la fonction de serviteur, aussi rémunératrice soit-elle, n'était plus à la mesure du jeune homme.

9

Mondanités et peopleries

« Pourquoi *Paris Match* ? Ce n'est pas compliqué : j'ai peu de temps pour accroître ma notoriété. »

Quand il croise cet ami banquier, peu après la première couverture de l'hebdomadaire people consacrée au couple qu'il forme avec Brigitte, Emmanuel Macron ne joue pas les vierges effarouchées, comme lorsqu'on l'interroge sur le sujet sur les plateaux-télé.

Il est vrai que, avant même d'être ministre, le jeune et sémillant ancien banquier de chez Rothschild, attiré par la lumière comme un papillon, était déjà loin de fuir les médias. Lorsqu'il est nommé secrétaire général adjoint de l'Élysée, en même temps que les dirigeants de tout poil du CAC 40 et des patrons de la tech-économie que Xavier Niel lui fait rencontrer en session accélérée, il accorde moult interviews. Et pose volontiers pour les photographes en bras de chemise, assis par terre en tailleur. Cool. Quoi de plus normal.

Celui que *Libération* a surnommé « le poupon de l'Élysée » (dans un article de Grégoire Biseau intitulé « Avec Macron, l'Élysée décroche le poupon ») est l'homme du moment. Non seulement parce que le « petit Macron », comme on le désigne encore à l'époque, juste après l'élection de François Hollande en 2012, est en charge des questions économiques et donc des dossiers sensibles, comme la crise de l'euro, mais aussi parce qu'il est jeune, a une bonne tête, est photogénique. Et que l'on sent qu'il n'a pas divisé par dix son salaire chez Rothschild, comme il le répète à longueur d'articles, pour rester un obscur conseiller, tapi dans l'ombre. Déjà à l'aise dans « le grand monde » qu'il a côtoyé durant les quatre ans passés comme banquier d'affaires, il multiplie les contacts.

Mais, pour l'instant, il apparaît dans la presse « institutionnelle » et seul. Il n'est pas encore un client des journaux populaires. Même si la curiosité concernant le couple singulier qu'il forme avec sa femme commence à poindre – ce qui l'amène à demander parfois aux journalistes qu'il rencontre « de ne pas insister sur son âge » ; ce n'est pas le sujet. Il n'est pas devenu de la chair à presse people. Cela arrivera vite. Surtout après son entrée au gouvernement comme ministre de l'Économie. Quelques années avant lui, un certain Nicolas Sarkozy, passé par Bercy, avait agi de même, inaugurant cette « peopolitique » désormais passage obligé.

Emmanuel Macron comprend rapidement que son couple est un atout pour se faire connaître. Un couple fusionnel, comme celui que formaient autrefois Cécilia et Nicolas Sarkozy qui, lui aussi, « fait vendre ». Un nouveau couple qui excite la curiosité et qui, à côté de ses sorties calculées, de ses provocations qui assurent de la reprise sur les chaînes d'info et les réseaux sociaux, va lui permettre d'accroître sa notoriété et sa popularité en un temps record. « En quelques mois à peine, d'octobre 2014 à février 2015, la proportion de Français qui ne le connaissaient pas passe de 47 % à 18 %. Gagner trente points de notoriété en quelques mois, c'est tout à fait exceptionnel », relève Jérôme Fourquet, directeur du département Opinion de l'Ifop, dans *Macron, l'invité surprise*, de François-Xavier Bourmaud[1].

Si Emmanuel Macron parvient à se faire connaître des Français en un temps record, c'est parce qu'il appuie son action de ministre et ses faux pas assumés (quand il traite les ouvrières de chez Gad d'illettrées, quand il répond à un ouvrier lui reprochant son costume de chez un bon faiseur que « le meilleur moyen de se payer un costard, c'est de travailler ») sur un storytelling particulièrement efficace : celui d'un homme qui a toujours, grâce au travail et à sa détermination, tant dans ses vies privée que publique, fait bouger les lignes, qui systématiquement a cherché à terrasser le conservatisme.

En attendant, pour la com', aucun doute : Macron n'innove guère par rapport à ses prédécesseurs. Pour quelqu'un qui veut faire de la politique autrement et se veut le roi de la transgression, la première une que consacre *Paris Match* au couple et dans laquelle Brigitte Macron s'est confiée à la journaliste Caroline Pigozzi attire les sarcasmes. Au point que le ministre se sent obligé de mettre les choses au clair, quitte à donner l'impression de se désolidariser de sa femme.

---

1. L'Archipel, 2017.

« Mon couple, ma famille, c'est la chose à laquelle je tiens le plus, ce n'est pas une stratégie de l'exposer, c'est sans doute une maladresse, je l'assume pleinement et ce ne sera pas une stratégie que l'on reproduira », dit-il alors... cinq mois avant une nouvelle une.

C'est sûr, on a vu plus novateur dans la forme. Même si l'article est intéressant et répond à un certain nombre de questions concernant Brigitte Macron, il recourt à des codes de communication « complètement ringards, voire éculés ». Ceux d'une autre génération. D'une autre époque, celle de ses aînés en politique qui sont des enfants de la télé. Pas celle de l'ère d'Internet en tout cas. Alors quoi : Macron serait-il un faux moderne ?

Cela n'étonne guère Gaspard Gantzer, conseiller média de François Hollande, qui relève en riant que celui censé incarner une nouvelle génération de politiques n'est pas franchement connecté et ne s'est doté d'un compte Twitter et d'une page Facebook qu'en arrivant à Bercy ! Une singularité étonnante pour quelqu'un de son âge[1].

En tout cas, et contrairement à son engagement de ne pas s'exposer encore, le couple est l'objet de ce que l'on appelle dans le milieu des photographes une « fausse paparazzade » en se retrouvant cinq mois plus tard à nouveau en une de *Paris Match*, cette fois-ci en maillot de bain, « surpris » en vacances à Biarritz.

En réalité, le futur candidat à la présidentielle sait pertinemment qu'il ne peut échapper à l'examen en profondeur qu'implique une candidature à

---

1. Entretien avec l'auteur, le 30 décembre 2016.

l'Élysée. Brigitte aussi. Commentant ce subit passage de l'ombre à la lumière, celle-ci estime, tout en jugeant que sa première prestation s'apparente à Waterloo, que « c'était nécessaire parce que les Français élisent un couple. Quand je suis en province, ils veulent me voir. Ils trouvent que notre couple c'est bien, ils me disent "il s'est engagé il est fidèle"[1] ». Pour renforcer ce contact médiatique avec le grand public, le couple travaille désormais – Brigitte Macron le reconnaît – avec une femme appelée Mimi Marchand. « Elle a demandé à me rencontrer, elle est cash et s'occupe de notre image quand on est en couple. » Avec la photographe Soazig de la Moissonnière pour la fourniture d'images à la presse et aux réseaux sociaux. Un signe qui montre, s'il en était besoin, que, malgré ses protestations, Emmanuel Macron et sa femme Brigitte ne négligent aucun détail.

Car Michèle Marchand, surnommée par tout le monde journalistique Mimi Marchand, n'est pas n'importe qui. Cofondatrice du site Purepeople, elle dirige Bestimage, une importante agence de photos de célébrités qui, comme l'indique son site, « observe et couvre quotidiennement l'actualité des beautiful people en France et partout dans le monde ». Vrai personnage, femme de l'ombre un peu reine de la presse people, disposant de l'un des plus gros carnets d'adresses de Paris, composé de personnalités du monde de la politique, des affaires et du show-biz, on a murmuré qu'elle était à l'origine des photos de *Closer* ayant déclenché le « Gayetgate ». Comme services, elle assure à ses

---

1. Entretien avec l'auteur, le 24 janvier 2017.

clients la parution, dans la presse et sur le Net, de « photos propres ». En clair, comme l'indique un grand patron de ses amis : « Mimi fait le tri dans les photos qui circulent. Si, à un moment, il y a des images gênantes ou mauvaises, elle parvient à arranger les problèmes de manière fantastique et même à organiser, quand il le faut, de fausses photos volées. »

C'est donc cette femme d'influence, surnommée dans un article du *Monde* du 21 février 2014 « la Mata Hari des paparazzi », décrite comme « la plus experte, la plus brillante, la mieux renseignée et la plus redoutable informatrice de la presse sur la vie privée des célébrités de Paris à Hollywood », qui gère les photos relatives à Emmanuel et Brigitte Macron – dont la candeur médiatique s'avère donc toute relative.

Confier la gestion de son image, mais pas toute sa communication, à une spécialiste des « beautiful people », voilà un choix révélateur. Qui s'explique par l'essor faramineux, depuis quelques années, de la « peopolitique », créneau porteur « qui fait vendre »[1]. Mais aussi par un goût des mondanités et des sorties people que l'on n'aurait pas imaginé chez un homme politique se présentant en philosophe contrarié disciple de Ricœur. En tout cas, comme il a su ouvrir les portes de l'establishment économique et financier grâce à un parcours d'excellence dans les meilleures écoles, le voici qui pénètre le monde du show-biz et des « people », les

_____

1. À ce propos, Emmanuel Macron, tout comme Nicolas Sarkozy avant lui, explique volontiers que ce n'est pas lui qui sollicite les journaux et que ce n'est pas sa faute s'il fait vendre.

vrais. Aidé, à nouveau, par un parrain. Plus jeune que les autres celui-là : Pascal Houzelot.

Quel personnage ! Aux nombreuses casquettes. Entrepreneur, homme de médias, celui qui a été pendant des années le bras droit d'Étienne Mougeotte à TF1 a, lui aussi, un carnet d'adresses à faire pâlir d'envie tout apprenti Rastignac. Créateur de la chaîne Pink TV puis de la chaîne Numéro 23, militant pour le mariage pour tous et actif dans la lutte contre le sida, *L'Express*, sous la plume de Renaud Revel, le décrivait dans un article intitulé « Le corsaire du PAF » comme « le Peter Pan des affaires, le roi de l'entregent et du lobbying ».

Houzelot, outre une réelle gentillesse et une vraie fidélité à ses amis, possède aussi une qualité évidente : une espèce de radar qui lui permet de repérer avant les autres les stars qui vont émerger. Et ce dans tous les domaines. Artistique, économique ou politique. Des personnalités qui deviennent souvent ses amis et qu'il invite régulièrement lors de dîners organisés dans son appartement donnant sur les quais. S'y retrouvent ses amis de toujours, ceux qu'il a connus lorsqu'il était encore dans les milieux de la politique ou du pur lobbying comme la productrice de télé Anne Marcassus, Valérie Bernis et son mari Frank Gentin, ou Claire Chazal. Et puis ceux qui se sont agrégés peu à peu : le banquier d'affaires de Lazard Matthieu Pigasse, Xavier Niel et Delphine Arnault, Line Renaud, Pierre Bergé. C'est par exemple Pascal Houzelot qui, selon Xavier Niel, insiste pour qu'il rencontre, trois mois à peine après la prise de contrôle du *Monde* par le trio Bergé-Niel-Pigasse (et alors que Macron avait travaillé pour le camp adverse), « un jeune banquier qui monte » : Emmanuel Macron, à l'époque chez Rothschild. Ils déjeunèrent ensemble chez Hanawa, restaurant japonais de la rue Bayard où se retrouvent tous les midis les stars du PAF et de l'économie. Ils garderont le contact quand Macron deviendra secrétaire général adjoint de l'Élysée puis ministre, commenceront à déjeuner ensemble (une fois chez lui, une autre avec François Hollande et Valérie Trierweiler dans leur appartement du 15e arrondissement) puis à dîner aussi. À quatre. Parfois avec Brigitte et Delphine Arnault, la compagne de Niel, qui est aussi directrice générale adjointe de Louis-Vuitton. Ce qui explique probablement les « total looks » Vuitton que Brigitte Macron, aux mensurations de mannequin, arbore – on l'a vu – depuis quelque temps.

Macron devenu ministre, Niel lui présentera beaucoup de dirigeants de la tech et de start-upers, milieu qu'il ne connaît pas bien. Il rencontre ainsi chez Niel Evan Spiegel, le jeune patron milliardaire de Snapchat. Et, en sortant de son domicile, se retrouve, surpris, devant une haie de paparazzi. « Un instant je me suis dit que je n'avais jamais été autant paparazzé avant de comprendre qu'ils n'étaient pas venus pour moi mais pour Miranda Kerr », un top-model australien fiancée de Spiegel, racontera Emmanuel Macron.

Avec une pointe de regret ? Visiblement, il ne déteste pas se retrouver sous la lumière des projecteurs, ni côtoyer les mentors du show-biz. Ce qui fait dire à Jacques Attali, ironique : « On ne peut pas dire qu'il n'invite que des prix Nobel ! »

Par goût ou par choix tactique, peut-être aussi parce qu'ils se sont vécus comme étant en marge de la société pendant de longues années, comme bannis parce que « différents », les Macron se retrouvent de plus en plus dans les pages people des magazines. Invités à des premières au théâtre, présents notamment à l'anniversaire de Line Renaud, soufflant les bougies de celle qui voit en Macron un « Chirac jeune », posant à côté de Johnny et Lætitia Hallyday, Muriel Robin, Vanessa Paradis et Stéphane Bern.

Seraient-ils grisés ? Emportés par le tourbillon de la vie parisienne ? En tout cas, comme Jacques Chirac et Nicolas Sarkozy, Emmanuel Macron ne déteste visiblement pas s'afficher auprès de personnalités populaires, appréciées des Français. Rien de bien neuf sous le soleil mais, si cela en est une, la stratégie s'avère payante puisque, quelques mois plus tard, Line Renaud (« On est très copains avec Line Renaud. On a eu un coup de foudre il y a deux ans. Elle n'abdique jamais. Est toujours impeccable », dit Brigitte[1]), la grande amie de Chirac, annonce qu'elle soutiendra Macron à la présidentielle !

Comme Nicolas Sarkozy, à qui on l'a tellement reproché, les Macron multiplient les dîners et les rencontres avec les gens du show-biz quand Emmanuel est à Bercy. Ils se rapprochent de Fabrice Luchini, qui prêtera même sa maison de l'île de Ré pour que le ministre y termine son livre *Révolution*. « J'avais emmené Emmanuel au cinéma voir *Gemma Bovery* avec Luchini.

---

1. Entretien avec l'auteur, le 9 janvier 2017.

En sortant, il me dit : "J'ai vraiment envie de le connaître" », se souvient Brigitte. Qui poursuit : « Quelques jours plus tard, son producteur Matthieu Tarot a appelé à Bercy pour expliquer que Luchini voudrait rencontrer Emmanuel. Il est venu dîner. Quand il est entré dans le bureau, il a lancé son blouson et a dit : "Bon, ça va aller !" Il a commencé à parler de Furet et de Rimbaud avec Emmanuel. Comme s'ils étaient amis depuis longtemps[1]. »

Les Macron invitent beaucoup lorsqu'ils sont à Bercy mais dînent aussi en ville, avec des comédiens comme Guillaume Gallienne, Éric Ruf ou l'acteur belge, sociétaire de la Comédie-Française, Christian Hecq (« C'est celui dont je suis le plus proche, on l'adore », assure Emmanuel Macron[2]), ainsi que Danièle Thompson et Albert Koski ou les Cluzet... Parfois des politiques, comme Jean-Pierre Jouyet, ou des patrons, comme Marc Ladreit de Lacharrière, se joignent à la compagnie, et tout le monde se tutoie joyeusement. Ils vont dîner chez Claire Chazal, avec l'écrivain Philippe Besson devenu un intime. S'épanouissent dans le Tout-Paris.

Là encore, celui qui prétendait faire de la politique autrement semble emboîter le pas à ses aînés Jacques Chirac et Nicolas Sarkozy. Il crée des liens, lance des passerelles, invite et séduit à tour de bras. Stéphane Bern fait partie de ses nouveaux amis. Il a fait sa connaissance après avoir failli l'écraser un jour dans la rue, près du Sénat. « Faites attention, monsieur le ministre ! »

1. Entretien avec l'auteur, le 10 janvier 2017.
2. Entretien avec l'auteur, le 9 janvier 2017.

lui lance l'animateur. « Ah, Stéphane Bern, ma femme vous adore, donnez-moi votre numéro de téléphone ! » Brigitte a bon dos mais, selon certains proches, c'est bien elle effectivement qui goûte le plus ces « peopleries ». « Il voit que ça lui fait plaisir et, lui, ça le détend. »

Évidemment, cet affichage permet au passage de décoller l'étiquette de banquier de chez Rothschild qui lui colle à la peau et de toucher des publics différents. Ainsi, comme le raconte Marc Endeweld dans *L'Ambigu Monsieur Macron*, se rapproche-t-il, lors de son stage à la préfecture de l'Oise, d'André Verchuren, star de l'accordéon du département !

Sa femme assure que s'il écoute souvent, en travaillant, les *Variations Goldberg* de Bach par Glenn Gould, il aime aussi Joe Dassin, connaît par cœur Johnny, Aznavour. « Il adorait chanter "Je suis un homo, comme ils disent" d'Aznavour. En fait, il ne connaît pas les contemporains. Il a dû s'arrêter à Jacques Brel[1]. »

Stéphane Bern, visiblement sous le charme, assure que ces deux-là « aiment les artistes, vont au cinéma, lisent des livres, se rendent au théâtre voir des pièces ». Lorsqu'à Bercy ils invitaient à dîner, c'était, raconte-t-il encore, « très naturel, très affectueux. Il a l'air assez sincère dans l'émotion ». Stéphane Bern, l'un des animateurs préférés des Français, lui est en tout cas reconnaissant d'être venu, en juin 2016, à l'inauguration du collège royal de Thiron-Gardais qu'il a restauré.

Et puis, les deux hommes ont en commun d'avoir compris, chacun à leur façon, l'empreinte

---

1. Entretien avec l'auteur, le 9 janvier 2017.

durable qu'a laissée la royauté en France. Le premier, ami des têtes couronnées qui s'épanouit comme une rose en bouton au côté des monarques, s'est fait connaître ainsi. Le second n'a pas manqué de relever la résonance qu'a eue, depuis la Révolution, l'absence du roi dans notre histoire politique. L'un et l'autre, tous les deux mus par un ressort puissant – celui d'être aimé –, ont présidé les Fêtes de Jeanne d'Arc à Orléans. « Je lui avais dit : "Tu verras, c'est l'expérience la plus fascinante qu'on puisse avoir dans la vie. Sur 5 kilomètres, 500 000 personnes viennent te voir, te parler. On te tend des enfants, c'est fou." » Emmanuel Macron a vu, et apprécié. Et, dans un discours parsemé de références à sa propre trajectoire, il a rendu hommage à cette héroïne qui avait « fendu le système » et « su rassembler le pays ». Avant l'ère du show-biz...

10

L'ovni politique

« Est-ce que c'est pour votre grand-mère, finalement, que vous faites tout cela ? » Nous sommes
sur la banquette arrière de sa voiture depuis
une dizaine de minutes. Il vient de quitter une
exploitation agricole qu'il a visitée longuement, en
Mayenne. A essuyé avec des lingettes son bas de
pantalon et ses chaussures de ville un peu crottés,
mal adaptés à cet environnement. Il paraît surpris.
Regarde par la fenêtre, les yeux un peu perdus :
« Oui, peut-être », murmure-t-il.

Oui, peut-être, « tout ça », avoue-t-il, il l'a fait
pour sa grand-mère. Cette Manette, qu'il évoque
parfois dans ses meetings et qui est morte quasiment après son entrée à l'Élysée. « Je ne sais
pas comment elle aurait vécu cette époque, sans
doute avec inquiétude. » Mais la certitude d'avoir
un destin, n'est-ce pas elle, pourtant, qui la lui
a insufflée ? Il répond d'une voix douce, débar-
rassée de sa tessiture parfois un peu métallique :
« Elle ne m'a jamais éduqué avec l'idée que j'avais
un destin mais elle m'a sans doute armé pour en
avoir un. Elle était très exigeante, m'a aimé de
manière inconditionnelle. C'est rare dans la vie. »
Emmanuel Macron, un peu ému, parle d'une voix

à peine audible : « Ça libère. C'est vrai, j'ai eu une chance inouïe. Cela donne une confiance en soi immense, une liberté incroyable, mais, de la même façon, ça oblige. Moi, j'ai toujours eu chevillée au corps l'idée que la liberté que je m'octroyais par mon action m'obligeait [il se racle la gorge] à faire bien. Parce qu'elle était comme ça, ma grand-mère. Mais, peut-être... Je me suis lancé dans cette bataille quand elle n'était plus là, elle aurait pensé que c'était fou sans doute. » La voix presque étouffée, quasi enfantine, il conclut : « Mais elle m'aurait laissé faire. »

Désarmant, cet aveu. Désarmante, cette manière d'avouer que, oui, Manette n'est pas pour rien dans son aventure politique, même si, dit-il, il n'a jamais abordé cette hypothèse avec elle. Reste qu'il en est convaincu : elle a toujours su qu'il ferait de la politique ou, en tout cas, qu'il serait dans l'action publique. Elle l'a toujours su mais (sa voix douce est maintenant presque celle d'un petit enfant) : « Je ne lui ai jamais dit que mon projet était celui-ci. D'ailleurs, je n'ai jamais construit ma vie comme tel. »

En tout cas, la disparition de cette grand-mère, en 2013, alors qu'il est secrétaire général adjoint de l'Élysée, marque la rupture profonde avec François Hollande.

À l'époque, Emmanuel Macron est dévasté. Au point que Brigitte appelle certains de ses proches pour leur demander de se manifester. L'un d'eux se souvient que le conseiller, sous le coup de l'émotion, lui dit, quand il vient le voir : « C'est fini avec Hollande. » Et de lui expliquer que la réaction du président de la République, lorsqu'il lui a annoncé le décès de cette personne si importante, avec une phrase banale du type « c'est triste de perdre sa grand-mère, moi aussi j'étais triste quand j'ai perdu la mienne », lui a fait comprendre de quel bois mort est fait le chef de l'État. « C'est à ce moment-là, assure cet ami, qu'il s'est mis à traiter Hollande d'égal à égal », à ne plus se sentir son obligé, comme il l'admettra quelques mois plus tard.

On pose la question à Macron. « Ce n'est pas faux, répond-il. La manière dont a réagi François Hollande en apprenant la mort de ma grand-mère, je n'aimerais pas avoir la même[1] ! »

À quoi tient un destin politique.

À dire vrai, il semble aussi que, contrairement à la version longtemps donnée au début de sa carrière publique, Emmanuel Macron songe à l'Élysée depuis longtemps déjà. Son ami Marc Ferracci, connu en « prép ENA », estime qu'« Emmanuel est quelqu'un pour qui la politique constitue un projet ancré très tôt dans ses responsabilités, sa vie et sa carrière ». D'ailleurs, se souvient celui qui fut son témoin de mariage, « lorsqu'il a décidé d'aller chez Rothschild, nous avons été plusieurs à lui dire que, dans un pays comme la France, à un moment ou à un autre, cela poserait un problème. Mais il nous a répondu que cela lui donnerait, au contraire, la liberté financière ».

Manière de se distinguer de l'univers politique dont il veut absolument se détacher, tant il a conscience de la profonde défiance qu'il inspire, Macron ne met pas en avant ses propres incursions politiques. Sa tentative de s'implanter au Touquet,

___
1. Entretien avec l'auteur, le 28 février 2017.

où il se rend presque tous les week-ends dans la maison de Brigitte, puis dans les Hautes-Pyrénées, il n'en parle guère. Ses débuts chez Jean-Pierre Chevènement, peu compatibles avec sa grande proximité intellectuelle avec Michel Rocard, il en parle peu tout en relevant l'estime qu'il a pour l'ancien ministre. Or il ne vient pas de nulle part. Il n'a pas grandi dans un monde lyophilisé, loin de la politique ou sans s'y intéresser, uniquement le nez plongé dans les grands auteurs, comme ses premiers portraits ont pu le laisser croire.

Non, en vérité, il a « toujours été attiré et intéressé par la politique » et a été élevé dans une famille clairement de gauche. Ses parents, comme sa grand-mère adorée chez qui ils ont fêté la victoire de Mitterrand en 1981, s'intéressaient à la politique, mais « n'étaient pas militants, moi non plus d'ailleurs », souligne-t-il afin de mettre en avant sa « virginité électorale ». Ainsi, à côté des romans et de la littérature, il a dévoré, à seize ans, « passionné », le premier *Verbatim*[1] de Jacques Attali. Un livre assez aride pour un ado, qui lui donnait l'impression de pénétrer dans le cœur nucléaire du pouvoir. Il a lu aussi, plus tard, la plupart des biographies politiques de Jean Lacouture sur de Gaulle, mais aussi sur François Mitterrand, Pierre Mendès France. Il a découvert également les livres de Michel Rocard avant de faire sa connaissance par l'intermédiaire d'Henry Hermand et certains ouvrages du général de Gaulle, de même que ses discours : « Je les relis régulièrement, j'aime bien son style, ses phrases d'une grande sobriété », précise-t-il aujourd'hui.

---

1. *Verbatim I*, Librairie générale française, 1986.

Ses premiers émois politiques ? Il dit avoir « un vague souvenir de 1981 » (il avait quatre ans !) mais surtout de la réélection de François Mitterrand en 1988, apprise chez sa grand-mère toujours. Puis cite, sans grande conviction, quelques moments l'ayant marqué : la chute du mur de Berlin, le 9 novembre 1989, « un événement assez structurant » ; la campagne pour le traité de Maastricht, avec notamment le fameux débat entre François Mitterrand et Philippe Séguin ; la déclaration de Delors ; la mort de Pierre Bérégovoy, à Nevers, en 1993, dont « il se souvient fort bien ». Il se rappelle aussi la présidentielle de 1995 bien qu'à l'époque il ne puisse pas voter, venant en outre d'arriver à Paris, au lycée Henri-IV : « Il fallait que je retrouve mes repères, que je passe mon bac. » Sept ans plus tard, pour la présidentielle de 2002 qui a permis, à la stupeur générale, à Jean-Marie Le Pen d'arriver au second tour, il se retrouve loin de tout, au Nigeria, ayant demandé à être envoyé, dans le cadre de son stage à l'ENA, dans un pays en guerre. « Ce 21 avril qui a marqué ma génération était très bizarre pour moi. C'était un coup de tonnerre. J'étais un peu abasourdi, loin de Paris, à Abuja, la capitale fédérale, avec un ambassadeur plutôt à droite, Jean-Marc Simon. Et le soir même du premier tour, on a dû s'occuper de retrouver le corps de deux Français qui avaient disparu dans un accident d'avion[1]. » Marqué, évidemment, il dit surtout avoir été surpris par ce qui est arrivé après l'élection en forme de plébiscite de Jacques Chirac : « Il n'y a eu aucune recomposition derrière, aucune conséquence politique n'a

---

1. Entretien avec l'auteur, le 28 février 2017.

été tirée. » À l'époque, le jeune homme est à la fin de « sa période chevènementiste » (il a d'ailleurs voté pour lui au premier tour en 2002, avant de voter Chirac au second tour).

Sur le plan international, il se souvient évidemment du 11 septembre 2001. Il était alors à l'ENA et se trouvait à Amiens : « J'allais chercher Brigitte à l'école, elle sortait de cours, et c'est moi qui lui ai appris l'attentat. Tout le monde était dans un état de sidération incroyable. »

Lors de la présidentielle de 2007, cette fois Emmanuel Macron est à Paris, à l'Inspection des finances. Il dit ne pas se souvenir pour qui il a voté au premier tour mais a déposé un bulletin Ségolène Royal dans l'urne au second. Et il n'est pas vraiment d'accord avec ceux qui voient des similitudes entre sa campagne de 2017 et celle de l'ancienne présidente du conseil régional de Poitou-Charentes. « Elle a trouvé son ton, fait une très bonne campagne mais n'a jamais agrégé le PS. Même si, comme souvent, elle a eu, la première, les bonnes intuitions, notamment sur la participation. » Il insiste : « Nous, nous sommes hors de tout parti ; elle, elle avait fait le choix du renouvellement à l'intérieur d'un parti dont elle était élue depuis plus de vingt ans. Notre choix politique est plus radical et me permet, aujourd'hui, de recomposer et de renouveler. » Il argue que l'époque a changé : « La crise démocratique n'était pas aussi aiguë et l'état du pays pas le même. » On insiste : mais tout de même, ces références quasi mystiques rappelant la Ségolène Royal qui appelait, en tunique bleue, ses partisans à « essayer d'être meilleurs » en leur demandant de scander « fra-ter-nité, fra-ter-nité », cela ne l'a-t-il pas inspiré ? Non, vraiment, il ne voit pas. « C'est vrai, j'aime bien rassembler et galvaniser sur le terrain des convictions, mais comparaison n'est pas raison. Je ne vais pas revêtir une tunique, rassurez-vous », sourit-il[1].

Il botte en touche, mais sait très bien user parfois du même registre que l'ancienne candidate du Parti socialiste. Notamment lorsqu'il parle d'amour à ses supporters, comme à Toulon, leur lançant tout de go « Je vous aime », ou joue les télévangélistes de l'ère numérique, convaincu, dit-il, que « c'est une énorme erreur de ne pas parler d'amour en politique, parce que je pense qu'il y a un côté affectif, irrationnel, dont les gens ont besoin[2] ». Et d'ajouter, transporté : « Le don de soi, la manière dont je vais sur le terrain, au contact, en m'exposant beaucoup, je ne saurais le faire si je n'aimais pas les Français. Donc, à un moment donné, il faut le leur dire parce qu'ils ont besoin de cela. » Et, ajoute-t-il, « il y a quelque chose qui se passe à un moment, le *kairos*[3]. Vous n'y pouvez rien, vous êtes dedans ou pas. Il y a la force d'un moment qui emporte. Qui nous dépasse.

---

1. Entretien avec l'auteur, le 28 février 2017.
2. *Idem*.
3. Contrairement à *chronos*, le temps, *kairos* signifie temps favorable. Dans la Bible, c'est le temps de Dieu par excellence. C'est l'intervention décisive de Dieu par l'incarnation rédemptrice. Le Larousse le définit comme une allégorie de l'occasion favorable souvent représentée sous forme d'un éphèbe aux talons et aux épaules ailés. C'est l'instant fugitif mais essentiel, soumis au hasard mais lié à l'absolu. Le *kairos* n'est rien sans le savoir qui permet de le reconnaître. C'est une faculté, un sens en nous qui rend apte à saisir l'occasion opportune.

Il faut faire ce à quoi l'on croit, donner ce qu'on a à donner et que l'on peut donner, et ce avec cœur. Quand des choses vous dépassent, il faut avoir cette humilité. On peut toujours post-rationaliser, l'habiller, mais ce n'est pas totalement vrai ».

Mystique, christique, le candidat d'En Marche !, l'ancien élève des jésuites ? Il a beaucoup été raillé sur ce thème, surtout après son premier grand meeting de la porte de Versailles terminé les bras en croix et la voix partant en vrille devant une foule enthousiaste.

« En fait, Macron c'est Bonaparte. Et je lui ai expliqué pourquoi », analyse Haïm Korsia, le grand-rabbin de France avec lequel il échange beaucoup. « Macron apparaît, en effet, après un temps où l'on a coupé des têtes : Sarkozy, Juppé, Valls, Hollande. Et il a cette jeunesse, cette fougue, cette confiance qu'avait Bonaparte quand il arrive après l'Ancien Régime et la Révolution. Il possède la capacité d'entraîner avec lui, et c'est impressionnant ; les jeunes se reconnaissent dans son questionnement[1]. »

« Ce nom, En Marche !, continue Korsia, n'est pas anodin. C'est une allusion à une phrase de Saint-Exupéry dans *Vol de nuit* : "Dans la vie, il n'y a pas de solution. Il y a des forces en marche : il faut les créer et les solutions suivent." » C'est aussi une référence à la sculpture de Giacometti, « L'homme qui marche », ou Dieu qui dit à Abraham : « Quitte tes certitudes, mets-toi en marche. » « Sortir de l'Égypte, c'est sortir de l'étroitesse, de l'enfermement », avance le grand-rabbin, résolument séduit par le candidat.

---

1. Entretien avec l'auteur, le 27 janvier 2017.

Il est amusant, d'ailleurs, de constater l'existence d'échanges réguliers entre Emmanuel Macron et l'ami de longue date de Jacques Chirac, qui le surnommait affectueusement « Rabinou ». Mais Macron serait-il « habité », comme ironisent ses détracteurs ? Se sentirait-il porteur d'une mission, lui qui, élevé dans une famille ni croyante ni pratiquante, a décidé de se faire baptiser lorsqu'il avait douze ans ? « Je pense qu'il a quelque chose de spirituel. Le mot qui a pétri tous les prophètes : "Me voici !" lui sied. Il est capable de tout quitter pour construire quelque chose au service du pays. Il n'est prisonnier de rien, ce qui rend les autres hystériques », poursuit Korsia, qui a présenté à l'ancien ministre des représentants religieux catholiques et musulmans, et relève que, lorsqu'il est venu assister à la synagogue, à Kippour, sans caméras, « il a fait un commentaire improvisé sur le sens de Jonas... qui refuse sa mission ». Le rabbin pense que le secret absolu du candidat d'En Marche !, qui connaît les textes et a « une approche profonde et respectueuse des rites de toutes les religions », c'est d'être heureux de ce qu'il fait. « Il n'y a aucune fébrilité chez lui. »

Jacques Attali tempère. À l'en croire, Emmanuel Macron a le sentiment « d'avoir un destin mais comme une évidence. Celle d'un enfant gâté. Qui, poussé à l'extrême, pourrait dire que tout lui est dû. Et tellement dû qu'il n'a rien à faire pour l'avoir. Encore une fois, c'est moi qui suis allé le chercher. Et, c'est vrai, qui lui ai dit tout de suite qu'il avait l'étoffe d'un président[1] », répète-t-il. Un ami n'est pas loin de partager cette ana-

1. Entretien avec l'auteur, le 26 janvier 2017.

lyse : « Pour être là où il est, il faut un *hubris*[1], le sentiment d'être différent. Comment imaginer que quelqu'un qui a trente-huit ans peut quitter un job rémunérateur dans le privé, être secrétaire général adjoint de l'Élysée, puis ministre de l'Économie, partir, quitter son camp, créer un mouvement, sans être, au fond, habité par la conviction qu'il est né pour cela ? C'était probablement en lui depuis des années. »

Étrange personnage qu'Emmanuel Macron. Un homme qui est à la fois totalement dans la séduction et qui, dans le même temps, assume crânement ce qu'il est. À la fois disrupteur de la vie politique, technocrate et rock star. Un candidat aux allures de Justin Bieber, comme a ironisé Marine Le Pen, qui a donné comme consigne à ses communicants d'organiser des meetings « comme des concerts politiques ». Et au fond des yeux duquel passe parfois, quand il est acclamé, comme une petite lueur d'exaltation.

Drôle de personnage en effet. Inconnu dans le bestiaire politique. « Une chauve-souris », comme l'analyse Jean d'Ormesson, que le ministre avait convié à déjeuner en tête à tête. « Je l'ai trouvé très intelligent, très sympa, comme sa femme d'ailleurs », relève l'académicien, tout en notant « une sorte d'enivrement ». L'écrivain se souvient que le ministre-philosophe et lui ont surtout parlé de politique. « Je lui ai dit : "Vous savez, tous les hommes politiques ont un animal totem. Vous, c'est la chauve-souris. Je suis oiseau, voyez

_____
1. Démesure, sentiment violent inspiré des passions, particulièrement de l'orgueil.

mes ailes. Je suis souris, voyez mes pieds… À un moment, il faudra bien que vous choisissiez[1]." »

Une chauve-souris, Emmanuel Macron ? Ou un lézard, comme ceux dont il conservait les queues dans des bocaux, fasciné probablement par la capacité de ces reptiles à sectionner cet appendice pour sauver leur vie. Et garder leur liberté.

---

1. Entretien avec l'auteur, le 17 janvier 2017.

Épilogue

Mowgli ou Babar

Le regard a changé. Le sien, mais aussi celui des autres sur lui.

Le sien est passé d'une espèce de fausse candeur puérile à un regard plus dur aux reflets acier, révélant une détermination insoupçonnée, parfois éclairée, au fond de l'œil, par une lueur d'exaltation. Un soupçon d'enivrement.

Le regard des autres, celui des représentants du « vieux monde », de la caste, du système politique – dont il tient soigneusement à se différencier –, a évolué bien sûr. D'abord intrigué, puis moqueur, il est devenu vaguement inquiet et incrédule. Puis ébahi. Emmanuel Macron, cet ovni politique, encore parfaitement inconnu il y a quatre ans, a gagné, à la barbe des plus anciens, et faisant fi des règles non écrites de la politique, la campagne présidentielle.

En le voyant arriver avec ses petits souliers et son allure de golden boy preppy sur leur terrain, les jeunes et vieux loups de la politique se sont tout d'abord pourléché les babines. N'attendant qu'une chose : voir ce jeune blanc-bec à l'ambition affichée, évidente, mais au verbe singulier et à l'intelligence vif-argent, se frotter au fameux principe de réalité. Et se prendre les pieds dans le tapis comme, autrefois, d'autres progressistes revendiqués (Jean Lecanuet, Jean-Jacques Servan-Schreiber ou, dans un autre genre, Michel Jobert) passés dans le ciel politique comme des étoiles filantes.

Quand Emmanuel Macron a été nommé ministre de l'Économie, les politiques, les « vrais », se sont frottés les mains, certains que celui qui avait lancé, en apprenant la décision de Hollande de taxer à 75 % les « hyper riches », « c'est Cuba sans le soleil ! » aurait du mal à composer avec les frondeurs de la majorité, une fois les mains dans le cambouis.

Quand il a fait sa première gaffe en qualifiant les salariées de l'usine Gad « d'illettrées », ils se sont regardés d'un air entendu : ils n'auraient pas cru que cela arriverait si vite. Mais le jeunot a présenté ses plates excuses, a réussi à faire oublier ce faux pas et surtout, peu à peu, est devenu à lui seul un symbole de modernité. Ou, à tout le moins, de renouveau. En faisant entendre une petite musique différente, en multipliant les provocations mesurées, les (petites) transgressions assumées – « Il faut de jeunes Français qui aient envie de devenir milliardaires », « Le libéralisme est une valeur de gauche » –, les déclarations ou mesures mettant en cause, en vrac, les notaires, les huissiers, les dentistes, les inspecteurs de permis de conduire. De l'art du contre-pied : une vieille ficelle pour sortir du lot, se distinguer des autres.

Quand il créa son mouvement En Marche !, sorte d'auberge espagnole destinée à accueillir tous les sans-logis progressistes de droite et de gauche,

« un rassemblement additionnant les énergies », les mêmes sourirent finement, convaincus que le minot jouait les faux nez de François Hollande.

Et puis, au fil des semaines, et après qu'Emmanuel Macron eut décidé de se lancer dans l'aventure présidentielle, les anciens, ceux du vieux monde politique, commencèrent à changer de regard face au succès étonnant de ce parti pas comme les autres, qui disait puiser son inspiration chez les Français, consultés lors d'une Grande Marche d'un nouveau genre, sorte de sondage participatif grandeur nature. Ils attendirent, vaguement inquiets désormais, qu'il se passe avec Macron ce qui était arrivé avec Juppé : que la bulle éclate. Ne comprenant pas que tout ce qu'ils détestaient chez lui était précisément ce que ses partisans appréciaient, justement. À savoir, avant tout, cette espèce de fraîcheur, cet optimisme revendiqué. Ce désir affiché de faire exploser les corporatismes et les vieux clivages dépassés. Cette manière d'enfiler les évidences avec un air pénétré, de revisiter le triptyque liberté, égalité, fraternité comme une approche révolutionnaire. Ce style angélique, ne recourant pas aux codes très virils qui accompagnent en général la politique en France. Ce refus de faire siffler ses adversaires, de faire une campagne en contre… et d'afficher son amour à ses ouailles. Confondant comme l'écrit Pascal Bruckner, dans *Le Monde*[1], « le goût du pouvoir avec le pouvoir de l'amour. Il veut être élu mais il veut d'abord être aimé, par un acte de reddition inconditionnel, préféré à tous. Il commence donc, en bon séducteur, par nous dire qu'il

---

1. Jeudi 2 mars 2017.

nous aime [...]. Mais les "Je vous aime" qu'il lance, extatique, à ses partisans, dans ses meetings, tels ceux du chanteur à la foule, disent surtout : je m'adore à travers vous ».

En fait, l'enfant adulé par sa grand-mère chérie est pétri de paradoxes. C'est un alien de la Ve République. Un produit *sui generis*. Qui ne s'est pas construit comme la plupart de ses aînés contre une figure tutélaire étouffante mais dans une posture finalement assez gaullienne. D'homme providentiel. D'homme qui dit non aux corporatismes, aux partis traditionnels, au président de la République. Avec, tout au long de sa courte carrière, une obsession : ne pas être enfermé. Ne pas voir sa liberté entravée ou avoir le sentiment d'être dans une position de serviteur, ce qui lui est insupportable, lui qui a successivement comparé le métier de banquier d'affaires à celui des prostituées, qui a décrit ses fonctions de secrétaire général adjoint de l'Élysée à celles d'une « soubrette qui doit changer les draps tous les jours », avant d'ajouter crânement, devenu ministre de l'Économie, qu'il n'était pas « l'obligé de François Hollande »...

Chaque fois, dans l'administration, à la banque, au gouvernement, il s'est placé au cœur du système politique et économique pour l'observer sans forcément y adhérer.

Étrange héros des temps modernes. Personnage qui a fait de sa détermination, tant dans sa vie privée pour imposer la femme qu'il aimait, quelles que soient les résistances de la société, que dans sa vie professionnelle, sa marque de fabrique. Au point de faire de sa propre histoire, parfois un peu enluminée, et de sa propre personne un outil de communication.

Un outil en perpétuelle évolution car il semble avoir des identités fluctuantes, craignant de manière obsessionnelle « l'assignation à résidence ». Toujours en quête, par insatisfaction ou crainte d'être enchaîné, de ne plus pouvoir vivre la vie qu'il a rêvée. Comme François Mitterrand à propos de qui François Mauriac écrivait : « Il a été cet enfant barrésien, souffrant jusqu'à serrer les poings du désir de dominer sa vie. Il a choisi de tout sacrifier pour cette domination. » Visiblement, Emmanuel Macron est resté cet enfant, lui aussi, désireux de dominer sa vie. Comme le dit l'un de ses amis, « il est encore Mowgli, et Bagheera est sa grand-mère, mais il est temps qu'il devienne le roi Babar. » Y parviendra-t-il devenu désormais, à 39 ans, le plus jeune président depuis la création de la République française ?

Postface
Wunderkind président

Une marche. Une marche interminable de près de trois minutes. Avec, en toile de fond, la Pyramide du Louvre et, en illustration sonore, la neuvième symphonie de Beethoven, l'hymne européen.

Les premières images que les Français garderont de l'élection d'Emmanuel Macron, élu le 7 mai 2017 avec 66,1 % des voix, seront celles d'un homme jeune semblant tout à coup comme transfiguré. Devenu président de la République quasi instantanément.

Est-ce une réminiscence de ses lointains cours de théâtre ? Est-ce l'observation de ses prédécesseurs ?

En tout cas, le nouveau président de la République, si jeune soit-il – il est le plus jeune président de la Ve République –, entre, en effet, tout de suite dans la peau de son personnage. La démarche, lente, la posture, altière, la mine, grave. Étonnamment, il n'a rien d'un novice lors de ses premiers pas dans ses nouvelles fonctions. Personne ne pourrait imaginer qu'Emmanuel Macron est un nouveau venu en politique.

Tout de suite, en effet, l'ancien ministre de l'Économie trouve ses marques. Sans un faux pas. Sans une maladresse. Cela en est presque troublant. À se demander s'il n'a pas pensé à ce moment, depuis longtemps déjà. S'il n'a pas répété les gestes, les postures dans ses rêves plus ou moins enfouis de grandeur.

Ayant intégré les reproches que certains lui avaient faits le soir du premier tour de la présidentielle, (il avait alors réuni ses amis et proches collaborateurs dans une brasserie du XIVe arrondissement et avait semblé célébrer la victoire avant l'heure comme si tout était déjà joué), cette fois, Macron fait un sans-faute.

Certains le trouvaient trop jeune, trop inexpérimenté pour la fonction ? Il en rajoute dans la solennité et multiplie les références à François Mitterrand. Il y a tout d'abord le lieu choisi, même si initialement ses communicants avaient prévu d'organiser cette cérémonie au Champs de Mars. Cette pyramide du Louvre que Mitterrand a voulue et imposée, malgré les cris d'orfraie des conservateurs de tous poils, se situe dans un endroit, le palais du Louvre, connu dans le monde entier et empreint de toute l'histoire de France. « C'est le lieu de tous les Français » comme le dira Macron dans son discours, un endroit qui fut avant tout une résidence royale mais devint aussi un musée à partir de la Révolution française.

Il y a ensuite la mise en scène, là aussi, calquée sur celle organisée au Panthéon, en mai 1981. À l'époque, le premier président socialiste de la Ve République avait déambulé seul, une rose à la main, avec en fond sonore ce même hymne européen, avant de se recueillir devant les tombes de Jaurès, Jean Moulin et Victor Schoelcher.

Dans un cas comme dans l'autre, Mitterrand et Macron, ces deux présidents nouvellement élus, entendaient combler les procès en illégitimité qu'on leur faisait – trop socialiste pour l'un, manquant d'expérience pour l'autre – par une abondance de majesté.

La jeunesse d'Emmanuel Macron ne l'empêche pas, en tout cas, de prononcer son premier discours de chef de l'État sans avoir la voix qui tremble. Il félicite évidemment ses supporters pour cette incroyable campagne qui lui a permis de conquérir le pouvoir suprême en misant sur la décomposition du système politique français ancien. « Ce que nous avons fait n'a ni précédent, ni équivalent. Tout le monde nous disait que c'était impossible », dit-il non sans une pointe d'orgueil.

Magnanime, fidèle à son désir de concilier les uns et les autres, de réconcilier les Français de tous bords, Macron se positionne aussi, comme c'est la tradition pour tout nouveau chef d'État élu, en président de tous les Français. Il n'omet pas ainsi d'« avoir un mot » pour ceux qui ont voté pour lui sans avoir ses idées, pour les « Français qui ont voté pour protéger la République », mais aussi pour ceux qui ont voté pour Marine Le Pen. « Ne les sifflez pas, intime-t-il à ses supporters retrouvant les accents qu'il avait parfois durant ses meetings, ils ont exprimé une colère, un désarroi et parfois des convictions. Je les respecte et je ferai tout durant les cinq années qui viennent pour qu'ils n'aient plus aucune raison de voter pour les extrêmes. »

Mieux, le tout nouveau président veut aller plus loin que l'horizon de la France, et lance, emporté par sa verve : « Ce soir, c'est l'Europe, c'est le monde qui nous regardent et attendent que nous défendions partout l'esprit des Lumières. » Avant de faire monter sur scène sa femme Brigitte, émue aux larmes, ainsi que ses enfants et petits-enfants – image d'une famille recomposée inédite – et d'entonner, la main sur le cœur, les yeux parfois fermés, une Marseillaise exaltée devant des supporters agitant une forêt de drapeaux tricolores.

Pas de doute, ces images qui ont été pensées pour contraster avec celles associées à François Hollande ou à Nicolas Sarkozy vont rester dans les mémoires. Le « kid président » a réussi son entrée en fonction. Et la cérémonie de passation de pouvoirs avec François Hollande, de même que le discours d'investiture qu'il prononcera dans la foulée, le 14 mai, seront, eux aussi, de haute tenue. Encadrés par une communication au cordeau. Une maîtrise évidente de chaque fait et geste.

La mue du candidat au sourire d'ange en président au regard inflexible et au verbe fort est radicale. Et en laisse pantois plus d'un. Jusqu'à ses pires adversaires d'hier. Face à l'aisance et au naturel dont fait preuve le chef de l'État, mais aussi face à cette autorité naturelle qu'il dégage, les hommages se multiplient.

Un vent de « macronmania » se lève. D'aucuns s'ébaubissent sur sa manière d'être. De se mouvoir. D'endosser ses habits de président. D'autres mettent en avant son verbe, rare mais ciblé et censé « faire sens ». En France comme à l'étranger – où le couple qu'il forme avec sa femme Brigitte suscite intérêt et curiosité – Emmanuel Macron est l'homme du moment.

Est-ce ce fameux *kairos*, qu'Emmanuel Macron évoquait pendant la campagne ? Cette « force d'un moment qui emporte. Qui nous dépasse » ?

En tout cas, durant les premières semaines suivant son accession au pouvoir, Emmanuel Macron semble bénéficier d'un état de grâce, d'une parenthèse enchantée comme suspendue dans le temps. Il a réussi en un rien de temps à balayer les préventions des uns, les railleries des autres en imposant un style présidentiel impérieux et efficace – du moins dans l'image –, en France comme sur la scène internationale. Mieux : il a selon une logique schumpétérienne de « destruction créatrice » réussi à dynamiter le vieux monde politique, au lendemain d'élections législatives dévastatrices pour les partis traditionnels. Sans effusion de sang, ni traces sur les murs. Au silencieux. Macron a permis aux Français de chasser la classe politique d'avant. Bien plus que d'une simple alternance, il s'agit carrément d'un changement de logiciel politique.

La vague de la République en Marche, le parti créé un an plus tôt par Emmanuel Macron, a en effet des allures de rouleau compresseur comme l'avait eu cinquante ans plus tôt le parti gaulliste. Paf ! Laminé, disparu ou presque le parti socialiste qui, au lendemain du premier tour, le 11 juin 2017, tombe à 7 % : son plus bas niveau historique. Paf ! Écrasés les écologistes à 4 % et les communistes à 3 %. Avec 11 %, même la France Insoumise de Jean-Luc Mélenchon recule par rapport à son score à la présidentielle tandis que le parti de Marine Le Pen recueille 13 % des voix. Quant aux Républicains, avec 15,77 % des voix, ils sauvent les meubles en apparence mais l'implosion semble programmée, surtout après le choix d'Emmanuel Macron de nommer à Matignon le juppéiste Édouard Philippe et à l'Économie Bruno Le Maire, qui viennent tous deux des rangs de la droite...

Pour relativiser ce qui apparaît comme une vague de fond, il faut cependant rappeler que le taux d'abstention au premier tour des législatives – 51 % – a atteint un record absolu. Comme le relève le politologue Jérôme Jaffré (interview au *Figaro* 13 juin 2017), deux abstentionnismes – l'un de lassitude, l'autre de distance s'additionnent – mais surtout : « Emmanuel Macron bénéficie de la puissance de la Ve avec le scrutin majoritaire qui amplifie les mouvements et d'un dégagisme à la Beppe Grillo : liquidons la vieille classe politique ! »

Il est vrai que des bastions historiques du parti socialiste et, dans une moindre mesure, de la droite conservatrice basculent dans le giron de la République en Marche.

Principal détonateur et bénéficiaire de cette vague de fond, c'est sûr, le jeune président intrigue, fascine, irrite parfois, mais laisse tout sauf indifférent. Il faut dire que le changement du président chérubin est étonnant. On le craignait trop tendre, inexpérimenté ? Il est parvenu en un temps record à imposer sa patte, son style, fait de références à l'histoire et de modernité. Finie, cette fausse candeur juvénile ! Envolée, cette exaltation de télévangéliste prêchant l'amour à ses ouailles. Oubliés, les fondements du mouvement En Marche, censé redonner la parole aux Français à la base.

Désormais, le plus jeune président de la Ve République affiche une détermination d'acier. Et entend exercer, comme il l'a dit, un pouvoir jupitérien. Comprenez vertical et efficace. Autoritaire aussi, d'une certaine manière. Les Français croyaient avoir élu un président jeune. Cool. Un jeune homme de son temps. De la génération Facebook, adepte d'un pouvoir horizontal, de l'ubérisation de la société et de la libéralisation de l'économie. Ils pensaient avoir porté à l'Élysée un Petit prince de l'ère numérique. Moderne, évidemment moderne. Mais c'était un leurre.

En effet, derrière la décontraction étudiée, derrière sa manière de monter les marches de l'Élysée quatre à quatre (en prenant soin de diffuser la photo sur les réseaux sociaux), Macron ne cesse de convoquer dans un étourdissant tourbillon les grandes figures de l'histoire de France. Celles de la République, mais aussi celles de la monarchie et de l'Empire.

Désireux de porter le roman national et de sculpter sa statue pour l'Histoire, il offre au monde le visage d'un chef d'État-kaléidoscope : une touche de De Gaulle, pour la posture au-dessus des partis et le désir de refonder la France ; une once de Mitterrand, pour les références à l'histoire, à la littérature et sa posture de maître du temps (maître des horloges se plaisent à répéter ses conseillers), enfin, un brin de Bonaparte pour le côté conquérant, fougueux et confiant qui arrive après une période où les Français ont « coupé des têtes », ont donné un grand coup de balai afin d'envoyer à la retraite les hommes politiques qu'ils jugeaient « finis ». Bilan : pas moins de deux anciens présidents de la République, Nicolas Sarkozy et François Hollande et trois anciens premiers ministres Alain Juppé, Manuel Valls et François Fillon rayés de la carte politique. Tout simplement.

Étonnant, ce style du nouveau président ? Pas vraiment. Encore ministre de l'Économie, Emmanuel Macron avait laissé entrevoir sa conception du pouvoir, dans une interview au « 1 », parue en juillet 2015. Il y dissertait sur l'absence de la figure du roi dans la politique française et le « vide émotionnel, imaginaire et collectif » qu'il avait laissé, comblé uniquement, selon lui, lors des moments napoléoniens et gaullistes. Plus tard, dans la campagne, il avait également surpris certains de ses amis qui le pensaient de gauche tendance libérale en tenant à saluer la réussite de Philippe de Villiers, au Puy du Fou, ou en prononçant un discours exalté lors des Fêtes de Jeanne d'Arc, à Orléans.

Dans la foulée, ses premiers pas sur la scène internationale – aux sommets du G7 et de l'OTAN – sont unanimement salués comme une promenade de santé pour un président néophyte dont on craignait l'inexpérience en matière régalienne. Le style Macron, fait de modernité à l'américaine, mélange d'Obama et de Kennedy mâtiné de Trudeau, de mise en scène personnelle, de références historiques, mais caractérisé, aussi, par une forme de détermination, fait merveille.

Les références historiques sont évidentes lorsque le chef d'État français parade au côté de Vladimir Poutine dans la Galerie des Batailles, au château de Versailles, le 29 mai 2017. Là encore – comme le soir de son élection au Louvre – les communicants de l'Élysée ont mis en scène une longue déambulation des deux dirigeants, filmée dans la plus grande pièce du château ornée de tableaux retraçant quinze siècles de succès militaires français. Trois cents ans après la visite à la cour française du tsar Pierre Le Grand, conquis par le jeune Louis XV alors âgé de sept ans, Emmanuel Macron installe ainsi en filigrane l'idée qu'à côté de Vladimir Poutine, descendant des tsars de la grande Russie, il est lui, l'enfant-roi, l'héritier qui a en partage toute l'histoire de France et peut devenir un potentiel leader du monde européen.

Même processus quand il reçoit Donald Trump, le 14 juillet 2017, en déroulant le tapis rouge. Là encore, et à l'occasion de la célébration de l'entrée en guerre des États-Unis lors de la Première Guerre mondiale, le président français ne manque pas de flatter son hôte qu'il reçoit avec les honneurs dans la cour des Invalides. Cela ne l'empêche pas de maintenir un rapport de forces avec les deux dirigeants et de pointer du doigt les questions qui fâchent. Une stratégie diplomatique qu'il explicite lui-même, à grands traits, dans une interview au *Journal du Dimanche*, le 28 mai 2017 : « Donald Trump, le président turc ou le président russe sont dans une logique de rapports de force qui ne me dérange pas. Je ne crois pas à la diplomatie de l'invective publique mais dans mes dialogues bilatéraux, je ne laisse rien passer, c'est comme cela qu'on se fait respecter. »

Sa poignée de main virile avec Trump, à Bruxelles, en mai 2017, analysée et décortiquée comme une forme d'affirmation, de duel musclé qu'il aurait remporté haut la main et qu'il commente dans cette même interview comme « un moment de vérité », a en effet été accompagnée de propos fermes notamment après l'annonce du retrait des États-Unis des accords de Paris sur le climat. Pointée du doigt grâce à un coup de comm' de maître : la diffusion, via les réseaux sociaux, de cette réplique en anglais du président français à son homologue américain, « Make planet Great Again », inspirée du slogan de campagne du président américain « Make America Great Again ».

De même, sa manière de recevoir Poutine à Versailles a permis à Emmanuel Macron de renouer les liens avec la Russie tout en énonçant clairement ses réserves sur le respect des droits de l'homme dans ce pays (notamment ceux « de toutes les minorités et de toutes les sensibilités »), ou les dossiers internationaux, l'Ukraine et la Syrie (et notamment l'utilisation d'armes chimiques).

En quelques semaines, entre mai et juillet, Emmanuel Macron a donc clairement réussi à asseoir sa légitimité et son aura sur la scène internationale. Des débuts en fanfare non sans similitudes avec ceux de Nicolas Sarkozy. Même si en apparence, les deux hommes n'ont pas grand-chose à voir, ils ont en tout cas dans la période suivant leur élection fait souffler un vent de renouveau sur la vie politique française et internationale. En jouant de la transgression avec la même aisance. En osant bouleverser l'ordre des choses. En osant tout court. « C'était le même phénomène il y a dix ans avec Sarkozy. Lui aussi bluffait tout le monde, lui aussi allait renouveler complètement la vie politique, avec un nouveau style. Le PS était par terre. On connaît la suite. En politique, le problème n'est pas de briller, mais de durer », relativise Xavier Bertrand dans une interview au *Journal du Dimanche*, le 25 juin 2017, tout en rappelant que l'élection d'Emmanuel Macron a été une victoire nette mais sans élan populaire. « Une partie de la magie a déjà disparu. L'abstention record aux législatives en est la preuve. »

Qu'importe. Avec la même assurance qu'il avait affichée lorsqu'il a créé son parti, En Marche !, en avril 2016 ; avec le même culot qu'il a eu en décidant de tenir un meeting à la Mutualité, le 13 juillet, la veille du 14 juillet, jour traditionnellement dévolu à l'expression de la parole présidentielle ; avec la même détermination qu'il a affichée en démissionnant de ses fonctions de ministre de l'Économie pour se lancer dans la course présidentielle, Macron – comme Sarkozy en 2007 –, semble vouloir défier le vieux monde. Faire fi des règles et des usages, sûr de lui et dominateur. Une forme de défi ? Une insolente confiance en lui ? En tout cas, conforté par ses résultats, par sa victoire à la présidentielle, puis par la transformation d'En Marche !, sa petite start-up politique, en parti majoritaire, le président français a donc continué à surprendre, même si la plupart du temps il ne faisait que réaliser ce qu'il avait annoncé. Il a ainsi semé la discorde à droite en nommant un premier ministre issu des rangs des Républicains, comme Nicolas Sarkozy avait semé la discorde à gauche en nommant dans le gouvernement Fillon quelques « prises de guerre » comme Bernard Kouchner, Éric Besson ou Jean-Pierre Jouyet.

Y aurait-il aussi derrière ce style impérieux et autoritaire l'expression d'une espèce de jouissance du pouvoir ? Sa décision de prononcer un discours devant le Congrès (l'Assemblée nationale et le Sénat réunis), à Versailles, le 3 juillet 2017, et ce, la veille du discours de politique générale de son Premier ministre, pourrait le laisser penser. Même si Emmanuel Macron candidat avait indiqué qu'il utiliserait cette possibilité et viendrait chaque année s'exprimer devant les parlementaires, ce choix apparaît comme une volonté d'affirmer la prééminence de son pouvoir par rapport au Premier ministre.

Son choix de renoncer à la traditionnelle interview télévisée du 14 juillet est, elle aussi, une manière d'indiquer qu'il entend s'exprimer selon son bon vouloir et non pas en fonction de schémas établis par d'autres et notamment par les médias. À cet égard, ses relations avec les journalistes, qu'il met à distance sous prétexte, selon un conseiller de Macron, que « la pensée du président est trop complexe » pour eux, sont également révélatrices. Allant ainsi dans le sens de l'opinion dont la détestation envers les journalistes est quasiment la même que celle envers les « vieux » politiques, Macron les tient le plus possible à distance et met en place une communication apparemment décontractée mais en réalité extrêmement verrouillée, qui n'est pas sans rappeler celle de Barack Obama.

« Jeunesse, promesse de renouveau de la méthode politique, mélange de dignité et de modernité dans l'exercice de la fonction, communication calculée jusque dans les moindres détails, usage assumé du téléphone portable présent jusque sur la photo présidentielle ? Il y a du Obama chez le nouveau président français, même s'il aime plutôt faire directement référence à Charles de Gaulle et à François Mitterrand quand il cite ses sources d'inspiration », écrit dans le *Figaro* la journaliste Laure Mandeville, qui note d'ailleurs que l'ancien président américain a toujours usé, lui aussi, de références historiques en se mettant plus volontiers dans le sillage d'Abraham Lincoln que dans celui de ses plus proches prédécesseurs. Autre similitude relevée par l'ancienne correspondante du quotidien aux États-Unis : Emmanuel Macron, comme Obama, a choisi de placer son bureau à l'Élysée, dos à la fenêtre, évoquant ainsi la place de la table de travail présidentielle américaine, dans le Bureau ovale, et sa photo officielle, où il pose adossé à son bureau, devant une fenêtre ouverte, ressemble étrangement à celle du deuxième mandat d'Obama.

De même, et alors qu'en début de mandat, le désir de Macron de rendre sa parole rare et de lui donner ainsi plus de poids est calqué sur la communication de François Mitterrand puis de Jacques Chirac, inspirées l'une et l'autre par Jacques Pilhan, il est intéressant de se souvenir que, comme Macron, Obama avait souhaité contourner les journalistes du pool présidentiel en s'adressant directement à ses concitoyens via Facebook ou Google. Une méthode qu'a reprise Donald Trump, grand utilisateur de Twitter, mais aussi Macron, qui multiplie les vidéos et photos de lui diffusées sur les réseaux sociaux. Descendant par surprise au standard de l'Élysée et répondant lui-même au téléphone en président cool et rigolard. En combinaison de pilote de l'armée, version Top Gun, lors d'une visite sur la base d'Istres, ou encore en se faisant hélitreuiller d'un hélicoptère pour aller visiter le Terrible, à Brest, port d'attache des quatre sous-marins nucléaires lanceurs d'engins de la Force océanique stratégique, tandis que son Premier ministre prononce son discours de politique générale. Comment ne pas signifier ainsi ce que Nicolas Sarkozy a formalisé durant tout un quinquennat vis-à-vis de son « collaborateur » François Fillon ? C'est-à-dire que le pouvoir et l'impulsion, c'est lui, conformément à la tradition des institutions de la Ve République, tandis que son Premier ministre, Édouard Philippe, se charge de la mise en œuvre de la politique qu'il a fixée, les mains dans le cambouis.

Désir d'affirmer son autorité ? Sa prééminence ? En tout cas, sa volonté de s'adresser aux deux chambres lors d'une réunion du Congrès, à Versailles, en semblant s'inspirer du modèle américain avec le discours de l'État de l'Union, va dans le même sens.

Jusqu'au début de l'été 2017, la méthode Macron semble cependant porter ses fruits. Porté par un véritable état de grâce, presque en lévitation, Emmanuel Macron multiplie jusqu'à plus soif les images et les poses « qui font sens ». Il souligne au trait gras sa prééminence. Sculpte sa statue de président « jupitérien », s'appuyant sur deux dimensions, la verticalité et la sacralité. Lui qui n'a pas fait son service militaire défile le jour de la passation de pouvoirs dans une voiture de commandement. Puis accumule les visites lourdes de symboles. Les commémorations. Les discours solennels. À l'occasion de l'appel du 18 juin, ou de la rafle du Vel d'Hiv. Lors des obsèques de Simone Veil, pour qui il demande que ses cendres et celles de son mari soient transférées au Panthéon.

Homme providentiel s'interroge Franz-Olivier Giesbert, dans *Le Point* (24 mai 2017) ? En tout cas, le jeune président bénéficie, comme l'analyse justement le psychiatre Boris Cyrulnik, dans une interview au *Parisien*, le 17 juin 2017, d'« une épidémie de croyance ». « Ce phénomène survient après qu'une collectivité a été blessée par un échec économique, militaire... Elle a besoin de croire qu'un sauveur va arriver. Elle place tous les espoirs en lui. Elle a besoin d'un "papa" tranquillisant. » Cependant, prévient le psy, qui, note que Macron a profité du fait que les Français en avaient marre « des disqualifications haineuses, des politiques qui sèment la haine, de leurs petites phrases », le propre des épidémies, même de croyance, c'est qu'elles finissent toujours par disparaître. Même avertissement de Frédéric Mitterrand. Interviewé dans le *Figaro*, le 10 mai 2017, trois jours après son élection, l'ancien ministre de la Culture de Nicolas Sarkozy et neveu de François Mitterrand assure, péremptoire, que « les Français vont tomber amoureux » d'Emmanuel Macron, mais met en garde car le revers de l'amour, c'est la haine.

Durant ses premières semaines au pouvoir, bénéficiant de la disqualification des élus politiques de droite et de gauche « du monde d'avant », Macron surfe en tout cas sur cette apparente vague d'amour. Les Français ne semblent même pas lui en vouloir lorsque les caméras du *Petit Quotidien* le surprennent, en juin, en marge d'une visite au centre de sauvetage d'Etel, dans le Morbihan, à faire une blague plus que douteuse sur le « kwassa-kwassa (petit bateau de pêche souvent utilisé par des migrants dans les Comores) qui pêche peu mais amène du Comorien ». Nicolas Sarkozy aurait fait la même réflexion, il aurait dû faire face à un véritable tollé. Mais peu à peu, les motifs de protestation affleurent. Ce que l'on qualifiait d'autorité chez le jeune président est de plus en plus assimilé à une forme d'autoritarisme. La manifestation d'un moi hypertrophié chez un président que l'ancien candidat socialiste à la présidentielle, Benoît Hamon, qualifie de « libéral-autoritaire ».

Le fameux principe de réalité, dicté essentiellement par l'état des finances publiques et un trou de 8 milliards d'euros de déficit révélé par le rapport de la Cour des comptes (et impliquant des économies à faire de 4,5 milliards d'euros), rattrape le jeune prodige. La voile semble faseyer. C'est le cas notamment lorsque, voyant l'effet produit, le président de la République corrige la copie de son Premier ministre, qui avait annoncé le report des baisses d'impôts promises par le candidat afin de favoriser le désendettement du pays. Se rendant compte que cette annonce apparaissait comme une forme de renoncement, Emmanuel Macron reprend la main. Il indique que les allégements fiscaux restent à l'ordre du jour mais, du coup, annonce des coupes budgétaires, notamment dans le budget de la Défense.

C'est le cas aussi au moment du discours prononcé, le 3 juillet 2017, devant les deux assemblées réunies en Congrès, à Versailles. Là, face aux quelque 900 députés et sénateurs présents dans l'hémicycle, le président de la République donne les grandes directions de son mandat et entend souligner sa « volonté d'alternance profonde ». Un discours volontariste et modernisateur mais empreint de lyrisme et de généralités, non sans quelques piques pour ses prédécesseurs comme lorsqu'il assure vouloir en finir avec le « déni de réalité » et « trancher avec les années immobiles ou les années agitées » des deux précédents quinquennats de Nicolas Sarkozy et François Hollande. « En chacun de nous, il y a un cynique qui sommeille. Et c'est en chacun de nous qu'il faut le faire taire. […] Alors, nous serons crus », lance-t-il, renouant avec les accents de certains de ses meetings de campagne.

Un discours consensuel en diable dans lequel il dénonce « les critiques stériles, les oppositions théoriques qui n'apportent rien », et souligne son ambition de « créer de l'unité », de restaurer notre « dignité collective », de « rendre la société plus juste et plus efficace », mais aussi de servir « la cause de l'homme ». Mais un discours sans mesures concrètes, si ce n'est concernant les réformes institutionnelles. Reprenant ses promesses de campagne, le chef de l'État – qui entend s'exprimer chaque année devant le Congrès –, confirme ainsi qu'il entend réduire d'un tiers le nombre de parlementaires et annonce l'introduction d'une « dose de proportionnelle » aux législatives, comme la limitation « dans le temps » des mandats parlementaires. Il annonce aussi la suppression de la Cour de Justice de la République, la refonte du Conseil supérieur de la magistrature, et l'évaluation, deux ans après leur mise en œuvre, des « textes importants », comme la future loi sur la lutte antiterroriste censée supplanter l'état d'urgence, qui sera levé « à l'automne ».

Autre moment de tension et de remise en question du style jupitérien du chef de l'État : la crise avec le chef d'état-major des armées, Pierre de Villiers. Suite à l'annonce de la réduction du budget des armées, celui-ci s'en offusque, le 12 juillet, devant la commission de Défense de l'Assemblée nationale, dans des termes assez directs qui fuitent dans la presse. Résultat : le président de la République le remet à sa place et réaffirme sa prééminence de manière pour le moins maladroite lors d'une allocution, le 13 juillet, devant les militaires. Lançant qu'il « n'est pas digne d'étaler certains débats sur la place publique », Macron enfonce le clou : « Je suis votre chef. Les engagements que je prends devant nos concitoyens et devant les armées, je sais les tenir et je n'ai à cet égard besoin de nulle pression et de nul commentaire. »

Cette mise au point sèche ne passe pas bien. Au sein de l'armée mais aussi auprès des Français, auprès de qui, comme le note le politologue Jérôme Fourquet (*Figaro* du 20 juillet 2017) « l'armée est devenue très populaire » (elle récolte 80 à 90 % d'opinions favorables dans les enquêtes) depuis « le début de la longue série d'attaques terroristes en 2015 ».

La démission de Pierre de Villiers, le 19 juillet, alors qu'il était convoqué deux jours plus tard à l'Élysée, envenime le climat. Cette fois, c'est clair, la magie est rompue. Le président de la République fait l'unanimité contre lui dans toute la classe politique. Les applaudissements tièdes des militaires qui l'accueillent lors d'une visite organisée dans la précipitation à Istres avec le nouveau chef d'état-major des armées et la ministre des Armées, Florence Parly, n'échappent pas au président de la République.

Décidément, en cet été 2017, l'air est moins léger. Les railleries qui entourent la réception à l'Élysée de Bono, le leader du groupe U2, puis de Rihanna, le 26 juillet, tandis que les incendies ravagent des régions du sud de la France, de même que les grincements chez les parlementaires de la République en Marche qui ne comprennent pas qu'on leur demande de renoncer à embaucher des membres de leur famille alors que se prépare un statut de la première dame plombent l'atmosphère enthousiaste des débuts. Les sondages commencent aussi à baisser. Rien d'alarmant encore. D'autant que, conformément à ses engagements de campagne, le président de la République a mis en œuvre, en septembre 2017, et sans trop d'encombres, les ordonnances visant à réformer le

Code du travail. Pour l'occasion, et manière d'apporter la preuve que, lui, ne se contente pas de parler mais tient ses promesses, le chef de l'État s'est prêté à une mise en scène étonnante et s'est fait filmer – entouré de la ministre du Travail, Muriel Pénicaud, et du porte-parole du gouvernement, Christophe Castaner –, en train de signer les cinq ordonnances devant permettre la mise en œuvre de cette réforme « d'une ampleur sans précédent depuis le début de la Vᵉ République » selon lui.

Obsédé par l'image, par son image ? Adepte de l'autocélébration ? C'est clair, en tout cas, en cette rentrée 2017, quelque chose a changé. Les Français observent avec circonspection un chef de l'État qui, certes, agit, mais dont le franc-parler s'apparente selon certains à une sorte de mépris de classe. Lui qui, en juillet, avait évoqué en marge de l'inauguration de la station F, « les gens qui ne sont rien » en les opposant à ceux qui réussissent, surprend encore, en septembre, en assurant, depuis Athènes, qu'il ne cédera pas face « aux fainéants, aux cyniques et aux extrêmes ». Une manière de ne pas laisser le monopole du « parler vrai » aux populistes ? Peut-être. Mais une arme à double tranchant pour cet amoureux de la rhétorique qui ne cesse à longueur de discours de pointer du doigt « les passions tristes » qui habitent certains Français grincheux ou allergiques à sa vision du progrès. Un procédé qui peut se retourner comme un boomerang contre ce jeune chef de l'État qui a toujours évolué, mû par le regard admiratif des autres...

Table

12010

Composition
NORD COMPO

Achevé d'imprimer en Slovaquie
par NOVOPRINT SLK
le 3 décembre 2017.

Dépôt légal : janvier 2018.
EAN 9782290155226
OTP L21EPLN002293N001

ÉDITIONS J'AI LU
87, quai Panhard-et-Levassor, 75013 Paris

Diffusion France et étranger : Flammarion